Resolving
School Management
Challenges

破解 学校 管理难题

柳袁照 著

湖南人民出版社·长沙

目录

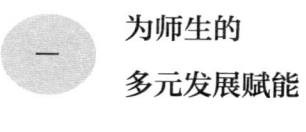

一 为师生的多元发展赋能 　001

根基比高度更重要 　003
"特色学校"如何满足多样化需求 　007
追求有效"慢"课堂 　011
为学生提供模仿对象 　015
拒绝形式主义 　018
办学以实绩为衡量标准 　022
如何打造审美课堂 　026
区域教育要扩大文化视野 　030
破解创新型人才培养之困境 　035
坚守教育公平的底线 　040
"答案唯一"是教育的"恶性肿瘤" 　043

多元的评价标准为课堂保驾护航　　　　050

学校如何交换资源　　　　053

焦虑是教育者的劲敌　　　　056

二 教育管理
勿以事小而不为　　　　061

改进学校要自上而下　　　　063

新校长的行为纠偏　　　　071

好校长的四项修炼　　　　074

专家型校长的语言艺术　　　　079

高三考生教会我们什么　　　　083

线上教学如何取舍？　　　　087

手机能否作为学习工具？　　　　091

如何简单化处理校园冲突？　　　　096

居家学习，让学生"玩"出境界　　　　100

如何创办科学的家长学校？　　　　104

家访，为优秀传统正名　　　　107

安全教育不能因噎废食　　　　111

拒绝"包办式"阅读　　　　114

教育是将"生活"倾囊相授　　　　120

三 既是领导者也是教育者 123

教师专业发展的前提　125
叶圣陶怎样做老师　131
向朱自清学习什么　134
突破教学的思维定势　138
每个老师心里都要有"好课"标准　141
做教育家没有捷径　144
最优秀的教育者在哪里　147
新时代"好老师"新解　150
如何做一个通透的老师　157
如何进行师德建设？　160
摆正姿态，与师生同步发展　164
中小学科研的严重误区　168
在身份边界上做校长　170
校长领导力可以复制吗？　180
在细节中见证教育境界　184

四 好校长的"新三观":全局观、未来观、全球观 189

教育理想从除弊做起 191

不可预测的未来教育 194

怎样融入国际教育? 197

追求公平是教育自身的使命 202

提倡"全融教育",开拓教育格局 206

创新育人和教学模式 210

教育家不可"批量生产" 215

把机会留给普通教育者 219

集团化办学要张扬个性 222

适度运用新闻效应 225

反思教育之"新"的四个问题 228

"强基计划"背景下的策略转变 231

普及教育和英才教育"两手抓" 234

衡量教育水准要看短板 237

"孟母三迁"的现代诠释 240

坚守与变革是时代命题 243

一

为师生的
多元发展赋能

根基比高度更重要

我去过许多地方,唯有西藏高原最令我魂牵梦萦,那里的天空、云彩、山峦、河流、花草、生灵与其他地方总有些不同。她美得纯净,她呈现了灵魂与肉体的完美结合。去一次,就忘不了;去一次,不会作罢,还想去、还会去。那是向往,是渴望。

最近,我参加某地一所初中名校的学校督导,该校三年前的毕业生,经过高中三年的学习,有六七十人从高考中脱颖而出,考入了北大、清华。这个成绩是世俗的追求,或许有些专家不在乎,但在业内还是令人瞩目的。一位专家在反馈感受时说道:"今天,我们登上了教育的高原。"他表达的是此校办学水平所达到的高度。他继续说:"如同到了西藏高原。"比喻得好,很贴切。此校无论是在硬件设施上,还是在软环境上,其建设都是超前的,走在该城市乃至全省的前列。比如,在硬件设施上,一所初中能在地下层建造恒温的、标准化的游泳池供日常使用；能建造空中花园，在城区有限的空间内，营造出绿色的、温馨的环境气息，在国内是不多见的。专家最后又说道："我们今天到了高原，我们是来吸氧的。"他本意大概是想说他们是来学习、来开阔视野、来获取养分的，结果话说反了。到高原来吸氧？表达不贴切。

却由此引起了我的思索：高原缺氧，海拔低的地方才有利于吸氧。这对于我们办学有什么启示呢？

高原上有无限风光，平地上见不到的瑰丽风光，高原上都有。特别是西藏高原，海拔越高，风光越摄人心魄，使人心更加柔软。好学校、好教育也一样：那是清澈的溪流，那是奔腾的江河，那是真实的风雨雷电，那是春天的风、秋天的果，那是儿童天真的笑，那是胜利之后英雄喜悦的泪，那是月光下的一首诗，那是上苍用自然之笔在大地、天空绘就的一幅画。身处这般美好、美妙的教育情境之中，学生收获的是快乐、幸福，体会到的是成长的期待、梦想与无限可能。

可是，所有的事物都有两重性。花开了，会败；水来了，会流走；美梦，总会醒。到了西藏高原，看罢风景，或者在看风景的途中，甚至还没有来得及看风景，就伴随缺氧出现了高原反应，一些人气喘吁吁、步履难行，伴随头晕、心跳加快、呕吐等症状，不得不吃药、卧床休息，甚者赶紧坐上飞机返回。也有反应慢者，几天或一两周之后症状才开始显现，若不及时治疗或返程，可能会引发心脏肥大、肺水肿等隐患，严重时或可致命。

当然，教育不能与之简单类比。不能说办学达到一定的高度，也一定会出现这样的"高原反应"。不过，上高度是要付出代价的。这个"高度"属不属于你？我们自己的基础是什么？我们的体能适应点在哪里？牦牛适应在高原上生长，水牛适应在平原生存。水牛拉到西藏高原会如何？同样，牦牛来到平原会如何？又比如，提到课程改革大家都推崇芬兰，芬兰的课程改革确实不错，许多专家竭力要移植到国内进行推广。与芬兰相似的地区或城市可以借鉴，但还没实现教育"温饱"的地区与学校也这样做，行不行？再比如，北京几所顶级的中学，学美国、学西方，轰轰烈烈地进行课程改革，颠覆传统，要知道他们是在聚集了许多特级教师和毕业于北大、清华等高校的博士的背景下进行的教育教学改革，对他们自己来说是常态，对绝大多数学校来说无疑是一出"舞台表演"。其他人只能欣赏，从欣赏中获得感悟，若想从中借鉴就必须适度把握——我们只能坐在台下，不能跑上舞台和他们一起表演，否则会像小丑一样出洋相，因为大多数学校缺乏这么做的基础。

如今的教育未免好高骛远，基础的问题尚未解决就要寻找高度。办学是一个长期的过程，"一口吃成胖子"是不可能的。我们需要踏踏实实，需要做好校园与课堂的基本建设，不是说谁的理念提得好、提得高，就意味着办学水平高。我们确实需要走出去看看，走上西藏高原看风景，但也要量力而行，适可而止。我们要有理想，但不能是空想。要在理想与现实中行走，在可能与不可能中统一。

　　根基比高度更重要，每位校长都应该知道办学必须遵循自身规律，不可一味拔高。凡事不能过度，过度则破。气球不是吹得越大越好，吹过了就会破；气球也不是飞得越高越好，越过了一定的高度就会爆炸。高空缺氧，空气稀薄，气球内里膨胀，能不破吗？此道理人人都懂，但在现实中却不是人人通晓，尤其是我们做校长的，常常糊涂。

"特色学校"如何满足多样化需求

我看过李镇西校长个人公众号上的一篇文章,说的是"特色学校发展",对此话题我也有想法。李校长对教育的爱是纯粹且执着的,他不说假话。文中提到一件事,他在武侯中学当校长时接待参观者,陪同参观校园,来访者随口问道:"李校长您的学校是什么特色?"李校长也随口回答道:"没有特色。"来访者很诧异,一位名校长办学竟然没有特色?李校长又诚恳地回答:"我只来了几个月,哪里来得及办出特色?"李校长进而阐述道:"所谓的学校特色,往往是请几个专家闭门想出来的,只是形式,没有实质。"我很同意李校长的见解。

"中小学的特色建设"或者说"特色学校建设"是一个热词,曾经被某些地区作为推进教育发展与改革的重要内容,即重点项目。发达地区也提出"一校一特色""校校有特色"的工作目标,一时间,校校找特色。有的是象棋特色(甚至还可以再分，这个是中国象棋特色，那个是国际象棋特色），有的是舞蹈特色（甚至还可以再分，这个以健美操为特色，那个以街舞为特色），有的是外国语特色（除英语之外，还有学日语、俄语或法语的），有的是学制特色（除了整体的六三学制，还有五四学制、学校两轨制），等等，总有些不伦不类、"挂羊头卖狗肉"的意味。

我问一个问题：为什么要发展学校特色？要求"校校有特色"，且一般是要求义务教育阶段的学校发展特色。每个学校发展一种特色，举一校之力发展这种特色，"体育特色""艺术特色""诵读特色""书法特色"确实很有成效，而其他平平，得过且过。这符合全面发展的教育方针吗？这符合孩子们的个性发展需求吗？义务教育阶段是不允许择校的，假如孩子对学区内该学校的特色不感兴趣、没有需求怎么办？住在街东头的孩子必须发展体育特色，住在街西头的孩子只能发展艺术特色，符合教育的个性化发展原则吗？零择校政策与学校特色发展的要求是否相悖？

若是真的诚心诚意发展学校特色，即便一眼就能看出学校的特点，也无可指摘。孩子多少能学到一点"绝活"，尽管并非出于本意。问题是，在许多地方、许多学校，其所谓的"特色"只针对一部分人，是一小部分人的"特权"。日语班、俄语班、法语班只能有选择地开设，且只招收几十人，并不惠及全体。这能叫学校特色吗？围棋班、象棋班等所谓"特色班"只是借此名录，予以特殊招生的便利而已。艺术、体育、书法等特色也只供一部分人发展兴趣，活动条件十分有限。如此这般还是特色学校吗？

说到底，许多学校的特色发展都是为招生服务的，借此吸引一些优秀学生、帮助学校改善生源。学校为均衡发展采取这种权宜之计也能理解，薄弱学校能在此过程中改进教育措施也不失为一件好事。不过我们要明白，真正的一流品牌学校往往是说不出学校有哪些特色的。人家没有的，它有；人家有的，它更优。所有的学科都有特色，所有的教育教学工作都有特色，所有的管理都有特色，所有的"特色"都浸没在日常的工作之中，是有特色还是没有特色？学校的所有教育领域，都是一流的，做得都很有特点，我们还怎么分辨出学校的特色，这时候，没有特色或许是最大的特色。所以，有一段时间，提到"特色学校"，我便联想到薄弱学校——在某方面成果显著、有所突破的学校。我这样说，可能太刻薄，反映的却是真实的现状。许多特色高中都是由薄弱高中演变而来的，是介于职业高中与普通高中之间的一种新型学校类型。所以，我们要慎用"特色""特色学校""学校特色"这些概念。

学校特色与特色学校是两个概念，经过多年来诸多专家的阐释早已不言自明。大家都清楚两个概念的异同，只有一点特色是不能算作特色学校的，真正意义上的中小学特色学校目前还不多。我在这里不是为了辨别二者，只是强调它们的概念在实际教育工作中名不副实。

　　再回到李镇西的《学校就算没有"特色"，又有什么关系？》这篇文章，他的某些观点是很有道理的，我们可以借鉴。我想补充强调的是，学校不能仅有一种特色，一种特色满足不了学校多样化选择的需求。每项工作都要呈现自己的特色，教育的过程也要有自己的特点。学校的特色，是由全体教职工的教育行为汇聚而成的行为准则。每位教师都能呈现自己的特点，才能保证学校特色的多样化。从学校没有特色到有特色，再到没有特色——人人、时时、处处都是特色，还能找到"特色"吗？当然，这是我们办学的理想境界，路还很远。

追求有效"慢"课堂

风景是需要慢慢欣赏的，匆匆忙忙，功利地行走，在规定的时段内完成规定的里程，或走完规定的步数，那不是面对风景时刻做的事，那似乎是"充军"。

放慢步履，走走、停停、坐坐，看一棵树长在悬崖边，盎然的树枝像欲腾飞的翅膀；看脚底下的山谷，一朵两朵白云聚集起来，然后三朵四朵，越聚越多，山谷成了云海，多美啊，那是人生的乐趣。

或者坐上一条小船，在河上游荡，山的影子、树的影子、云的影子，静静地倒映在水中。手伸出船舷，搅起涟漪，山的影子、树的影子、云的影子倾斜、变形，随后模糊混沌。小船继续前行，前方的河上，再一次呈现刚才的情景，山的影子、树的影子、云的影子倒映在水里，还没来得及用手搅动，一只水鸟从左岸飞来，扑腾一下，又向右岸飞去，河里的倒影一下子被打碎，打碎的影子，倏忽又从船下远去。

这样的经历，与其说是游玩，不如说是美的体验。若行旅匆忙，目不旁视，得到的会是什么感受呢？

王安石在《游褒禅山记》中说"古人之观于天地、山川、草木、虫鱼、鸟兽，往往有得"。所谓"有得"即"有所感悟"，不沉浸于"天地、山川、草木、虫鱼、鸟兽"之中，不与"天地、山川、草木、虫鱼、鸟兽"融为一体，休戚与共，何来"感悟"？何来丰富的人生体验？

人们对教育的认识越来越到位、越来越深刻，早已认识到"教育是慢的艺术"，急不得；也早已认识到教育不是工业，而是农业。所谓农业，即强调慢节奏，等待四季，等待阳光月光，等待和风细雨，也等待风雨雷电。不能像工业那样运行，高速度、高效益，由着人的意志追求立竿见影。

"教育是慢的艺术"已经为人们所认同，但是否落实到具体的教育教学之中了呢？许多学校仍然我行我素。"教育是慢的艺术"，应该体现在日常和现实的校园里、课堂上、课程中。

这些年来，主导课堂的教育教学理论是"高效"。追求高效则意味着追求高速度、快节奏，这本不是错。当年国内教育普遍低效才引进并提倡这一理论，十多年过去了，这个问题有没有解决呢？有些地方解决了，有些地方还没有解决；有些学校解决了，有些学校还没有解决；有些老师解决了，有些老师还没有解决。从某种程度上来说，"高效教学"的理论并没有过时，仍具有现实意义。

只是需要特别提出的是，在某些地方、某些学校、某些老师那里，"有效教学"的理论被窄化、异化，变成教育教学功利化的工具。从这个角度讲，我们宁愿不要"高效"，不要高速运转或快速运转的课堂。例如，初中的三年课程压缩到两年半"快速"完成；高中的三年课程压缩到两年"高速"完成，甚至不到两年即完成，余下的时间用于一轮又一轮的复习和训练，训练学生达到条件反射的程度。学生像高速旋转的"陀螺"，每一次训练都是对"陀螺"的抽打——成为见怪不怪的学校现象。

现今的高效课堂即"抽打陀螺"。研究高效课堂，即研究如何高效地"抽打陀螺"。在课堂教学日益工业化的背景下，能否允许老师上几节"低效"的课？让老师与学生放松放松再放松，在课堂上真正体验"教育是慢的艺术"，真正体验在风景中徜徉的乐趣？课堂可以是讲究速度的"高铁"，可以是一丝不苟的"现代化车间的流水线"。但是，不妨也让课堂有几个片刻，哪怕几个瞬间成为胜地，成为能让学生在老师的带领下，走走、停停、坐坐，悠闲自在地欣赏、品味风光的地方？有关部门能否组织几场"慢课堂""低效课堂"的赛课活动呢？

阿尔卑斯山的一条路旁竖着一块标语牌,上面写着:"慢慢走,欣赏啊!" 印第安人有一句著名的谚语:"别走得太快,等一等灵魂。"请允许我引用这两句话,温习一下,这已经是常识了,为何我们教育者还不明白?

为学生提供模仿对象

两个大人走在前面，低着头，似乎正在商量一件重要的事情，或许正在斟酌着做一项重要的决定，即便是身后的人也能看得出他们神情专注。他们反抄着手，神情凝重，俩人的动作如此相像，真是有趣。

更有趣的是后面跟着一个小男孩，只有两三岁的样子，估计刚学会走路不久，竟然亦步亦趋，反抄着手学两位大人走路，若有所思的样子令人看了忍俊不禁。

这个小孩和两位成年人是什么关系？是一同出行的家人，还是旅途不期而遇的陌生人？这一幕完全可以称为喜剧，完全可以看作一场表演。年龄和身高悬殊至此，动作却惟妙惟肖，不得不佩服小孩子的模仿能力。有人指导吗？没有。事先排练过吗？也不像。画面呈现的三个人的动作细节都很自然，特别是小男孩浑身焕发着的率性，有意辅导是达不到这样的效果的。

对小孩子而言，模仿是不自觉的行为，是随性的、纯粹自然的举动，由此引发了我对"模仿"的认真思考。儿童认识事物，了解世界，处理各种关系，是从模仿开始；他们"社会化"的第一步，是从"模仿"开始；他们的自觉意识的确立，是从"模仿"开始；人生行为的坐标体系的形成，也是从"模仿"开始。

在家庭教育、学校教育中，我们对少年儿童的"模仿"这一课题，给予过应有的重视吗？少年儿童的"模仿对象"是什么样的？曾经听人抱怨孩子，说孩子没大没小，竟批评家长。比如过马路时，红灯还亮着，家长就迫不及待地拉着孩子闯过去。孩子质疑家长：爸妈，你们怎么这么不讲规则？再比如，出行坐地铁时，孩子的父母抢先坐到老弱病残孕专座上，孩子问：爸妈，你们怎么这样不文明？由于早先受到过正面的教育，这些孩子才能够自觉抵制，若是没有分辨能力的更小的孩子呢，他们的模仿对象只能是家长，家长的不文明行为会产生怎样的误导？

儿童模仿对象的缺失，是当下社会、家庭存在的严重问题。学校也一样，一个精神贫瘠、言行狭隘的教书匠如何能成为孩子们模仿的榜样？如若家长，乃至社会整体的文化素养、科学素养、文明素养匮乏，又如何能为孩子们提供一个良好的"模仿"开端？

这其实是个老生常谈的问题：身教重于言教。我们教师和家长如今都能成为少年儿童模仿的对象吗？需要各位来反思。

拒绝形式主义

学校对学生成绩的期待与家长的心情是一样的，为了提高学生成绩，家长焦虑，老师焦虑，学校也会焦虑。焦虑后怎么办？往往会失去理智。家长如此，学校有时候也会如此，采取的所谓针对性的新举措，令人瞠目结舌，简直无法理解。

某地素以素质教育闻名，曾为我国中小学的快速、健康、优质发展提供了许多做法与经验。但近年来，该地却受制于社会压力，被家长对教育的片面理解左右，令素质教育渐趋浅薄化和边缘化，素质教育名存实亡，转而以追求升学率为纲。

追求升学率本不是错，错的是没有把握住度。比如，中小学统考是有严格规定的，可某些学校却常以"调研""监测"为名违背有关教育的政策规定。我曾参与有关部门组织的义务教育质量监测工作，去一些省市调研，在看到义务教育质量监测工作推动当地教育发展的同时，也看到一些推进应试教育的现象，中小学统考借机死灰复燃。

素质教育推进多年，现在回过头来看，有多少实效？中小学生的学业负担是加重还是减轻了？为何一直减不下来？问题很复杂，原因很复杂，后果很严重。人人都清楚个中缘由，可还是心口不一，心甘情愿地统一行动，把学生往"火坑"里推。什么是"火坑"？走读生实行"晚自修"制度，在我看来即是"火坑"。如今社会对加班加点的工作模式尚且质疑，却为何对正在长身体的孩子实行残酷的"加班加点"？中小学生早晨六点左右就要起床，六点半左右要离家去学校，七点以后学生都进了教室。早晨六点多吃的早餐，经过整整一上午的课程学习，五六个小时以后才能吃午餐。提供午餐是学校行为，进食堂或吃盒饭。之后再经历整整一下午的课程学习，到了五六点钟，本该回家了，又进了食堂或吃盒饭，又成了学校行为。稍作休息后，学生被"驱唤"进教室统一自修，或写作业，或接受辅导，直至晚上八点半或九点才离开学校。学生在学校待多长时间？学生在学校是什么状态？一两天能熬，一两周也能熬，假如整整三年或六年都是如此，学生会变成什么样子？

　　风和日丽时，这种生活似乎不难坚持，可天寒地冻时也是如此，未免有些残酷。难道不能让孩子回家，在暖和的餐厅里，同父母家人一起吃冒着热气的饭菜？这点小小的家庭乐趣，对中学生尤其是高中生来说，或许都成了奢望。成人都未必能连续一两周进食堂或吃盒饭，如何让学生夜以继日、周而复始地忍受？

政策早有规定，中学不得组织走读生参加在校晚自修。于是，学校便以学生自愿的形式搪塞，明着说自由选择，可同学都来了，哪个学生敢不来？万一老师在晚自修上讲课了呢？万一上了晚自修的同学成绩进步了，而没去的自己退步或止步不前了呢？面对这种无形的绑架行为，家长与学生是无法挣脱的。无论学校的成绩多好、声誉多高，让走读生上晚自修，让学生背负重担都是它无法抹去的污点，是学校教育的"肿瘤"。

在同一所学校的老师闲聊时，我无意中听到他们说，自开展晚自修以来，短短几个月时间，留校的学生越来越少了，许多学生都回家了。教务处曾做过一次统计分析，比对未上晚自修的学生和上晚自修的学生的考试成绩，发现比起前者，后者的成绩不仅没有进步反而退步了（只是总体分析，个体有所不同），令他们大为诧异。据他们说，这个结果没敢对外正式公布。

说者无心，听者有意，我当即便思考起参加晚自修的学生退步的原因。一般情况下是不可能的，除非校方只是追求形式，对晚自修的实施放任自流。若是如此为何还要坚持呢？恐怕只是为了向社会表明态度，至于结果，无关紧要。我们教育工作者可以这样吗？但愿是我听错了，但愿这一切不是真的。

　　运思起笔之时，我仿佛身处冬天，眼前有一幅画：冰天雪地中立着一棵树，披冰挂凌。落笔时我却豁然开朗，或许冬天的魅力并不在春天之下，每个冬日都是不历经梦想便无法企及的。这棵树，连同冰花倒影，都是鲜花盛开时的张望。我相信，希望还在，春天不远了，她在张望我们了。

办学以实绩为衡量标准

北大真是奇怪，无校歌、无校训，连校内的一口湖都没有名字，叫"未名湖"。北大是一所典型的"三无学校"，却不像"三无产品"那样属于不合格产品，是打击的对象。谁能否定北大？谁会否定北大？即使有人想否定她，又有什么用？北大仍然是北大，整个中国的高中几乎都想向北大和清华输送学生。特别是地方政府的领导，把考入北大、清华作为衡量当地中小学教育的重要指标。

北大精神是中华民族的精神写照，她最先引进了德先生、赛先生，民主与科学的两面旗帜屹立在北大校园里。蔡元培担任校长时，又提出"思想自由、兼容并包"的办学主张，并加以实践。在国家的每个重要关头，北大都站在最前列，她的担当精神是我们民族的骄傲。民主、科学、自由、兼容、担当等词语，按照时下的普遍逻辑，完全可以概括为校训、演绎成校歌，甚至可以用来命名未名湖。可是，北大拒绝这么做。

由此引发了我的思考。最近十多年来，我们的中小学把转变观念放在第一位（至少在公开的正式场合中是这么表达的），突出理念建设，成绩十分突出。在每所学校最醒目的地方，都能看到该校的校训、校风、教风和学风，使用频率最高的词汇是"创新""进取""拼搏""文明""求实""严谨""团结""奉献"等，不同的是每所学校选择的搭配组合。不能说这种现象不好，它也体现了时代、社会对学校的要求。

可以允许一所没有校训、校风、教风和学风的学校存在吗？督导通不过，评估通不过，各种各样的检查通不过，"三无学校"能成为学校简直是一个笑话。可是，有了校训、校风、教风和学风就是一所真正的学校了吗？就能做真正的教育了吗？我的答案是否定的。

许多学校的校训、校风、教风、学风和实际办学并无多大关系，只是装饰门面而已。老学校的校训，是历史的遗产，但到了某些人手里却是"小和尚念经——有口无心"。学校初建时，为了确立校训和校风，新上任的校长会闭门造车，哪个词时髦就选用哪个，或者邀请专家、学者想几个词，至于和学校的办学状态、面貌以及追求有多大关系就不得而知了。两张皮，基本割裂。

我受邀参与督导、评估或检查时，常会被安排考察学校的办学理念和校长的办学思想等方面。得益于各级各类的培训，这几年我们校长的理论水平确实提高得很快。校长培训的理论化、概念化程度确实是前无古人的，与发达国家相比也没有多大差距。墙上一套一套的，资料一套一套的，为了应付随时随地的、名目繁多的查验也学会了积累，嘴上一套一套的，总结一套一套的。可是，走进实际的课堂中进行考察，就不是那么一回事了。比如，校训突出"创新"，却看不出课堂上的"创新"何在，课堂全是模式、流程、定式。规范高于创新，问题并不在于"规范"，而在于名实不符，直接用"规范"做校训岂非更好？又比如，校训突出"求实"，学校行事却一点儿也不实在，只是为了给别人看，追求新闻效应。说校训有价值，价值不大；说校训没有价值，多少还是扩大了学校或校长的名声。讽刺的是，校训越追求什么，学校就越缺少什么。

缺什么提什么，那倒是对的；但说一套做一套，可就不对了，付诸实践才是最重要的。这些年来，我们的中小学发生了深刻的变化，依我所见主要是办学条件的变化，而内涵建设的成效却不大。与此同时，有些校长学会了浮夸，爱做表面文章，好大喜功。一个最普遍的事实是：中小学生的负担越来越重，尽管成因复杂，但学校本身也脱不了干系。校长、老师越来越会讲道理，理论水准也越来越高，为何不致力于改善实践呢？做人做事最关键的是要实在，要表里如一。做得到的我们宣扬，做不到的我们可以不说，甚至做到了我们也可以不说，虚名可以不要，有实质就行。

北大没有校训、没有校歌，未名湖本无名，反而因此出了名。北大的卓越，在其办学历史、实践与业绩，世所公认。我们的中小学也当如此，应以办学历史、实践与业绩为衡量标准，其他都是次要的，甚至是可有可无的。北大自诞生至今，已经成为某种精神的象征，过去没有校训和校歌，今后可能也不会再有了。任何一个具体的、精当的校训都无法诠释一个学校的整体内涵。近些年，中小学在理论层面的提升已经相当迅猛，我们要回到现实中来，扎扎实实做好教书育人的事，不空谈、不标新立异、不做作、不虚妄，才是正事。

如何打造审美课堂

"德、智、体、美",这四者中最容易被忽视的是"美"。"美育"在中小学中的地位尚未得到落实,许多校长甚至连"什么是美育"都不一定能回答清楚。常见做法有窄化美育,把美育等同艺术教育或美术教育,看低美育,把美育看作德育、智育的附庸等,有些地方甚至还提出"向美育要质量"的口号,这里的"质量"无非就是考试分数。美育仅作为学生学业进步的催化剂,为智育服务。因而,美育在学校教育中严重缺失。

美育就是美育本身。蔡元培曾提出"以美育代宗教"的主张。什么是宗教?简言之就是信仰,就是向往。以美育作为人的信仰、向往,是很有道理的,正如蔡元培所说"纯粹之美育,所以陶养吾人之感情,使有高尚纯洁之习惯,而使人我之见、利己损人之思念,以渐消沮者也"。美育的根本宗旨,是塑造人的健全心灵,颐养超越精神。美育是诉诸情感活动的,以激发和陶冶感情的方式进行，迥乎不同于科学活动的理性思考与概念判断，这也是美育的根本特点。

回顾这些年来我们学校的发展，就是从追求"美"开始的，因而曾获得"最中国的学校"之美称。为什么"最美"的学校，就是"最中国"的学校？我们从校园美，走向课堂美；从物质美，走向精神美；从制度美，走向行为美。其实，我们所做的这一切都是在释放"美育"的正能量，突出"美"在办学中的作用，通过重视美育，努力扭转教育功利化倾向。美是超然的，在日常的功利状态下，我们的目光和心思困囿于利益相关的一事一物；而在无功利乃至超功利的审美活动中，对周身的一切采取审美态度，能让我们从蜗角虚名、蝇头微利的桎梏中解放出来。

如今，办一所最美的学校，已经成为我们的自觉追求。到底何为校园之美？即校园的教育实践以和谐美学的原理和方法为指导，用和谐之美的原则对校园内的一切教育现象做全方位、深层次的美学思考和审美检视，校园的运作与发展均体现和谐之美的规律与形态，校园由此不断走向审美化的境界。我们的校园之美集中体现于学校对书院气、书卷气、书生气的营造，对"文化自觉"的追求，具体表现在校园精神之美、校园环境之美、课堂之美、学科之美、管理制度之美、领导与管理之美等方面。这个世界不是缺少美，而是缺少对美的发现，在平凡的生活里随处可以发现美，挖掘美，张扬美。审美能力就是一种感悟能力，包含对真理的感悟，对规律的感悟，对善与恶的感悟，对历史的感悟，对优秀传统文化的感悟。

我们的校园在吴文化中浸润已逾百年，校园内的亭台楼阁、假山水榭、老树古藤、古碑石刻都是传统文化的丰厚积淀。所谓书院气，呈现了校景、校貌、建筑、氛围与环境的特色之美。所谓书卷气，呈现了"文化浸润与情感体验"的教育境界与追求之美。教育不靠说教，主要依靠环境氛围的潜移默化，依靠言传身教之示范，依靠"润物细无声"的点滴渗透。所谓书生气，呈现了师生的气质和气度之美。这种美是"无用之大用"，能涵养师生欣赏美和创造美的心智能力。

现在，我们还致力于构建审美课堂，将情感、态度、价值观这三个维度的目标水乳交融，使课堂呈现出情景交融的意境美。无论是人文社会科学，还是自然科学，其知识中往往蕴含着积极向上的人生态度、从容雅致的生活情趣、顽强拼搏的进取精神、和谐发展的生存意识，通过灵活、主动、多样的课堂教学过程，教师把这些滋养了人类文明几千年的精华与经典呈现给学生，把含有深厚思想内涵、鲜活能力因子、丰富情感因素的知识教给学生。

在实践中，我们竭力回答这样一些问题：校园的美如何转化为美育的要素？如何在课堂上加以实现？课堂之美的内容与形式如何结合起来？如何呈现我们的个性化途径与方式？我们这么做，只是想办真正意义上的学校，因为我们知道，只有重视美育的教育，才能称为完整的教育。

区域教育要扩大文化视野

区域教育与人一样，都有自己的追求。一个区域的教育在发展中形成自己的模式，既呈现出自己的风格特征，又体现了所谓的区域化个性特色，将影响整个格局的变化。北京的教育和上海的教育在发展方式上肯定都有各自明显的特点。同属江南的江苏与浙江，其文化也大体相同或相近。近年来，江南提出了浙派教育和苏派教育的概念。浙派与苏派同中有异，在江南文化的总体背景下，追求自己的风格个性，其意义也是深远的。苏州曾适时地提出"苏式教育"的概念，是苏州在历史文化大视野中对自我发展的目标定位。

何为"苏式教育"？"苏式教育"不是一个孤立的概念，它是教育与经济、政治、文化等相互作用的产物。研究"苏式教育"的前提，是了解苏州教育的外部背景与条件——是"苏式教育"的动因，也是必然结果。"苏式教育"不是一个静止的"概念"，它是变化发展的，从历史中走来，向未来走去。

研究"苏式教育"必须研究历史，研究苏州教育的发展史，寻找古代教育、近代教育、现代教育和当代教育的规律，特别是从范仲淹到叶圣陶，从官学到私学，从宏观到微观，从一般到具体，都是我们研究的对象。

我认为"苏式教育"要有苏州园林般的艺术境界。在有限的空间内营造无限的天地，是苏州园林的境界。其手法之一在于呈现廊道的作用。回想十年前，我们的校园修旧如旧，修旧守旧，一个重要的方法就是廊道的恢复与再造。廊道是过渡，廊道是延伸。一步一景，移步换景，庭院深深，都是从这里开始的。教育也一样，反映到课堂上也一样，如何提升境界？——也要有"廊道"，不能什么都一望无余，要有层次。教育和课堂的"廊道"是什么？是思维和情感的通道。"苏式教育"的特点，是善于构筑课堂的"廊道"，如苏州园林一般的"廊道"。

我认为"苏式教育"要有江南风光一样温润的情感品性。江南春日里的诗意，与北方不同。春天，下着蒙蒙细雨的江南校园的美，与倔强而豪迈的北方校园的美也是不同的。不起眼的角落，不起眼的细节，比如墙壁，比如小道小径，比如那些如画的藤蔓苍苔和细雨中的新芽，点点滴滴，都是离人的思绪，动人、温馨，既令人伤感，又满怀向往。"苏式教育"是什么？是有个性与特征的教育，既注意细节，包括校园生活的细节和课堂状态的细节；又注重完美，如诗似画。即使面对那些冷清的角落，也会以一颗温润的"爱心"去给予"润物细无声"般的关爱、关注。

　　我认为"苏式教育"要有苏绣之双面绣那般的哲学素养。李政道是我们的校友，回母校时我曾与之交谈，如醍醐灌顶。他在研究天体物理的同时也研究苏州的刺绣，从天体物理到刺绣，或者说从刺绣到天体物理，他竟能圆融。科学与人文，二者本身就是"双面绣"。阳刚美与阴柔美，反叛与回归，现实与梦想，坚守与变革，本土化与国际化，每一事物都有两面，所有事物都不是绝对的。长达园里的泽慧楼充盈着人文气息，是学校的实验楼，被称为最不像实验楼的实验楼。"长达"指的是学校创始人谢长达，"泽慧"指的是物理学家何泽慧。一个是外婆，一个是外孙女；一个是社会学家，一个是科学家，二人是我们学校人文与科学精神并存的象征。教育不是单一的品质，强调科学时不能忽视人文，突出人文时也不可疏忽了科学。在具体的课堂中也是如此，要二者交融，相互渗透。给孩子们一双翅膀，以科学为一翼，以人文为一翼，才能飞翔，飞向未来。

　　"苏式教育"与"苏式课堂"、"苏式校园"等概念是有区别的。"苏式校园"与"苏式课堂"是"苏式教育"派生出来的两个概念。"苏式教育"呈现了教育理念、教育信念，而

"苏式校园"与"苏式课堂"则是"苏式教育"的载体与实现形式。苏州园林的要素是假山、池沼、花草和亭台楼阁,那苏式教育的要素是哪些?我所说的苏式教育,不仅指物质层面,更包括物质所反映的精神。教育的真善美,教育的爱与恨,教育的执着与超然,教育的灵与肉,都是教育的要义。课堂也如此,"苏式课堂"的"假山、池沼、花草和亭台楼阁"在哪里?课堂的形式与本质,课堂的模式与变式,课堂的教与学,课堂的规范与自由等,都是建设理想课堂的要素。只具备要素还不够,还要看这些要素是如何组合的。结构不同,境界就完全不同。园林的要素都一样,但由于"假山、池沼、花草、亭台楼阁"的组合结构不同,不同园林之间的境界就相差甚远。"苏式教育",包括"苏式校园"与"苏式课堂",也一样。

苏州最显著的特点是什么?是太湖所呈现的文化?是古镇所呈现的文化?是苏州园林所呈现的文化?是昆曲、评弹、刺绣、玉雕所呈现的文化?仅仅用"精巧、儒雅、内敛、柔韧、温润、清丽"等词语,能概括得了?若真能就此概括,那么也能以此概括教育吗?我之所以提出这些问题,是想揭示出"苏式教育"的内涵、本质特征和实现形式。"苏式教育"是一个开放的概念,它能与历史对话,能与未来对话,吸纳与包容是它开放性的体现。"苏式教育"虽然是一个区域性概念,但它的开放性决定了它存在的意义。它是优秀的国家教育、民族教育（即体现教育本质的教育），在区域特色下的个性化呈现。研究"苏式教育"、发展"苏式教育"，是一件价值非凡的事，要使苏州教育在教育的天地中占据一席之地，唯有好好珍惜它、培育它。所谓"民族的就是世界的"，道理即是如此。

破解创新型人才培养之困境

全国大学和高中校长高峰论坛曾经讨论过大学高中之关系,论坛组织者邀我就"如何破解创新人才培养的'断裂'之困"谈一点想法。他们给了我一个思考题:大学与高中之间存在三种模式,第一种是控制——高中教育成为高等教育的附庸;第二种是选择——选拔部分高中毕业生进入大学;第三种是共生——高中与大学相互影响、相得益彰。让我围绕以上几点发表观点。

讨论上述问题之前,请允许我先提出几个问题:大学的性质是什么?大学的使命是什么?大学为什么而存在?落到具体的学校,可以进一步提问:清华大学为什么而存在?北京大学为什么而存在?某某大学为什么而举办?同样,我们也可以提问:中学的性质是什么?中学的使命是什么?为什么要办中学?落实到具体的学校,可以进一步再问:我们这所学校为什么而存在?我们这所学校和其他中学存在的使命一样吗?这些看似不需解答、人人都知晓的问题，并非每位校长，包括大学校长和中学校长都能准确回答的。不信，我们试试，谁来回答？

在我看来，大学的性质与使命是真正能引领"国家、民族乃至人类社会文明的进步"的所在。现在，我想问：我们的大学还在"本源"上吗？离开"本源"有多远？对事物的考察判断要关注整体，以大学为例，我们可以关注它的文化、历史、体制、运转机制、价值观，教师的状态、境界、学术、涵养，学生的素养、抱负，等等。但是，细节往往反映了事物的本质，同样不可忽视。我们考察大学与中学的关系，不妨尝试通过某种联系方式、途径、手段来解题。

试问，如今由哪个部门主导大学与中学之间的联系？尤其是重点大学与重点高中，其联系主要由哪个部门负责？——招生办！为什么是"招生办"？即使是北大、清华这样著名的高校，与高中、主要是重点高中的联系也是由招生办公室负责的，招生办在招生期间更关注各地的高考"状元"及其他高分顶尖考生。 进而我问：这些高校关注该"状元"的真正状态了吗？关注了该状元之所以成为"状元"的过程了吗？例如"状元"所在中学的教育、教学状态——学生是在什么"生存"状态下才取得高分、成为高考状元的？大学真正关注中学了吗？关注中学在高升学率背景下的教育、教学状态了吗？这里的状态,是指中学的"升学"状态,它是如何"掠夺"生源的,"掠夺"高分生源对整个基础教育乃至高等教育会产生怎样的影响?

接下来,我举了两个例子。一是,莫言获诺贝尔文学奖说明了什么?对我们的教育有什么思考?他是一个留级生,只读到小学三年级,对于他的文学成就而言,基础教育所作贡献微乎其微。假如他在如今的中小学教育环境中成长,还能保持作品中的原创性吗?经过课堂上日复一日的机械训练,学生可能会获得高分,但能成为文学上的创新人才吗?另一个例子是某省2013年高考的几篇满分作文,媒体广泛登载报道,第二天即被揭露为抄袭之作。这说明什么?媒体追踪报道之后,满分作文才被发现抄袭的问题,那么没有被发现的抄袭之作,能说它们不存在吗?这些例子说明我们的教育正处于怎样的状态?课堂如流水线,泛滥着"模式""模型""程式",大学对中学的这种现状有没有责任?根据市场的供需法则来看,需要什么就提供什么,什么东西销量好就生产什么,或许能解释这种现象。我打的这个比方尽管不贴切,但也未必没有一点道理。

从这种意义上讲,大学控制了中学吗?我相信,大学既没有控制中学,高中教育也没有成为高等教育的附庸。相反,在某种程度上,大学倒成了中学的"附庸"——我说这话,可能有些极端和绝对——中学教育的种种弊端,最终都在大学里"开花结果"。大学有多少能力与办法扭转这种现象呢?

那么,第二种模式,选择——选拔部分高中毕业生进入大学。大学对中学生的选拔是主动还是被动的?是计划的,还是市场的?是受培养创新人才的内在需求驱使的,还是受公平、公正的表象驱使的?关于大学在高中"获取"的优秀高中毕业生(注意我没有使用"选择"一词),苏州教育局原局长顾月华博士曾针对30年来每年高考的前六名学生做过一个研究课题,结论是几乎没有一个当年的高分者成为我们所期待的那种创新人才。大学需要什么样的人才,应该明确告诉高中吗?大学的需要、愿景能够准确地传递到高中,并在日常教学中得到落实吗?高中依靠什么模式在自我运转?高中获取声誉的途径与创新人才培养统一了吗?

那么,第三种模式,共生——高中与大学相互影响、相得益彰。这是一种理想的状态。"相得益彰"落实在什么层面上?仅仅是"高分",由"高分"引发的各种相互关系,包括合作等关系,会有多大的教育价值、文化价值、社会价值?高中仅仅是为了北大清华而存在吗?这是我国重点高中存在的终极意义吗?高中需要大学精神的引领吗?需要什么样的大学精神引领?大学的文化、大学的精神如何渗透在中学的校园,渗透在日常的校园之中?

当年的振华女中,蔡元培、周诒春、胡适、竺可桢、叶圣陶和苏雪林等教育家都曾上讲台教书讲学，今天还能吗？这不仅仅是高校的过错，我们扪心自问，如今的高校模式，还需要大学教授深入日常的高中教学生活之中去吗？他们能完成工业流水线般机械的教学任务吗？我敢说，蔡元培、胡适、叶圣陶等教授，在我们当下的高中课堂中都是不合格的老师。

在我片面的认知里，当下大学和高中之间几乎不存在"控制"、"选择"与"共生"的关系，它们是两个看似连接、实则闭塞的教育体系。你不了解我，我不了解你，你埋怨我，我埋怨你，是两座山头上的两棵树，独立而相望。现在有所改变吗？

要破解创新型人才培养之困境，首先要搞明白的是，什么是真正的创新人才？怎么来培养创新人才？当下，"创新人才"的概念已被异化，那些考试得高分的学生就是创新人才吗？衡量创新型人才的尺度是什么？大学和高中在此问题上达成共识了吗？我们如何才能真正"不拘一格"地培养"创新人才"？在这方面，我们高中进入了死胡同，而大学也在死胡同内。这两个死胡同还可以打通吗？如何打通呢？我相信一定是能够打通的，尽管困难重重，但我对破解它还是充满信心的。

坚守教育公平的底线

国家曾投入研究过两件事，一是关于吉林长春长生公司违法违规生产狂犬病疫苗的案件，二是部署优化教育经费使用结构和落实义务教育教师工资待遇的事情。这两件事都是为了孩子，放在一起研究部署能体会其用心。

我认真阅读了发布的新闻消息，有一句话非同一般，"要将绩效管理覆盖所有财政教育资金，严禁超标准建设豪华学校，把教育经费的每一笔钱用到关键处"——十分明确且坚定地要求不得再建超标准的豪华学校。超标准的豪华学校不能建，超标准的非豪华学校能不能建呢？这个问题或许有人会问，我的理解是，凡是超标准的公办基础教育学校都不能建，超标准都可以列为豪华学校。

这个决策很有现实意义。当下的基础教育学校严重贫富不均，一方面有最豪华的中小学，另一方面存在着大量贫困落后的学校。即便是在落后区域也有超一流的重点基础教育学校，一点不会比发达地区的重点中小学差。可是，到农村、山区去看看呢，难免令人伤感，于心不安。

好多年前，针对"奢侈"办学，我曾参加过一次关于"教育的素食主义"的教育沙龙。对该问题的思考，是在汶川地震之后，去灾区板棚教室送教时引发的。在那样的办学条件下，仍不乏考上北大、清华的孩子，说明了什么？办学条件与学生的学业发展有关系，但并非决定性因素。学校办学条件达到了一定标准之后，与学生的成长、学业发展就没有关系了。创建超一流的学校实在是没有必要，在城里划一千余亩土地办一所中学有必要吗？同样花几十个亿办一所基础教育的学校有必要吗？这么做，有的是攀附，有的是虚荣，有的纯粹是招摇。

办学校是为了学生，为了学生的发展——这才是宗旨，是根本，除此之外没有任何意义。有些地方的教育管理部门抓教育，也抓硬件与软件。硬件抓学校建设，要一流，争第一，为了所谓的"不落后"，十年内可以一再搬迁，百年老校也在十年内再次改造，重复建设、重复投资。软件抓北大、清华的录取人数，好像办学的主要目的就是向北大、清华送几个学生。此二者，都是面子工程，见效快，社会认可度高，其实与教育无关。

公办学校要体现教育的公平，义务教育阶段的学校如果大大超越本区域的同类学校，是对其他学校的伤害，对广大普通学校的伤害，本质上也是对广大人民群众的伤害。本该民办学校做的事，却是公办学校在做；本该公办学校做的事，却由民办学校来做，实属本末倒置。即使存在建设超标准学校的社会需求，也应该由私立学校、用民间资本去满足部分特殊人群的需求。要上超标准的学校，去找民办学校，由民办学校负责提供这项特殊服务，这是教育发展的常规与常识。超标准公办豪华学校可以休矣。

"答案唯一"是教育的"恶性肿瘤"

当下教育的最大弊端是"标准化"。我所言，不是学校办学条件的"标准化"，也并非课堂教学模式的"标准化"，各校千差万别，在"有效教学"理念的统一下，其实变化也只有一种，就是"标准化"。我在此强调的是，一系列教育教学的指向，促使学生——确切地说是师生思维朝着一个方向："标准化"。当下的考试，尤其是重大的选拔性考试，令课堂受到掣肘。"标准化"是如何"控制"课堂的呢？借助"标准答案"。对于一张试卷而言，"标准答案"就是唯一支柱。离开了"标准答案"，哪怕再"新颖"，再有"原创性"，都无济于事。教师依赖"标准答案"，学生服从"标准答案"。

我越来越觉得，"标准答案"是当下中小学教育教学中的"恶性肿瘤"。我也越来越清楚中小学教育教学改革不能说大话，要从能解决"标准答案"这样的"小领域""小问题"做起。近年来，我始终怀抱一种期待：有没有一间课堂是没有

"标准答案"的？我从自己做起，在我的课堂上绝不设"标准答案"，提出自己的观点，只要陈述出理由，就是最好的答案。一些学校常常邀请我开讲座，我力求把这样的会场变成"课堂"，要求大家暂且抛开各自的身份，回到学生时代，双向互动，我提出一些问题，请大家发表观点，并反复申明没有"标准答案"。之所以这样做，是因为我希望大家也能效仿此法，在自己的学校里建立没有"标准答案"的课堂。

没有思想、见解，人云亦云，如何谈得上有情怀和担当？没有教育的"创造"，如何有学生的"创造"？如何有未来社会的"创造"？莫言获奖有诸多原因，他没有读完中小学的全部课程，他的头脑里没有"标准答案"，没有经过"标准答案"的训练，他的作品富有"原创性"或许与此有很大的关系。学生的"创造性"固然有天赋的因素，但若不认真、尽力地去保护，可贵的"创造性"也会很快丢失。能否保护学生的"创造"天赋，往往取决于教师的态度、能力与认识水平。一个习惯用"标准答案"来教书的人，每天、每时、每节课、每个教育场景，都被"标准答案"的方向、轨道左右着，如何又能发挥、保护"创造性"？自身没有创造性，如何能要求教育的对象具有"创造性"？

好好地挖掘、整合、利用微信朋友圈，也能成为教育的资源。这样的资源不是静止的、封闭的，而是可以互动的，互相作用、互相切磋、互相启发的。我在朋友圈看到一组"裙子"的照片,古典的、民族的、色彩斑斓的、风姿摇曳的。有了感触,下载,一张张裁剪,把头与脚、身体都裁剪了。一组照片,写上一段话,发了出来:"我看到一组照片,是展现裙子之美的。然而都是全身像,着装者的脸一经曝露,裙子的美感却丢失了。因此我将照片一一裁剪了。维纳斯断了双臂才显示了真正的美,我认为裙子在属于自己的状态下,才可能无与伦比。这对生活、对生命、对教育、对学校有什么启示呢?"朋友们据此纷纷发表意见,大多赞成我的看法,沿着我的思维演绎。不过,中国教科院的王素老师对此却不赞同。我又在朋友圈里接着补充:"刚才,我发了一组剪掉头的裙子照片,看来是我错了,不该剪去头。剪去头是目中无人,对教育的启发就是有效教育常常见物不见人。中国教科院王素老师说得好,她说:'对教育的启示是,没有单独存在的美感,美感都是和生命融为一体的,剪掉头就是忽视了生命体的差异,只追求裙子自身存在的美,就是忘记了裙子本是人穿的。教育亦如此,所有的课程都是为人服务的,如果忽视了个体差异,只追求课程本身的完整性和结构性就是本末倒置,形式大于内容了'。"王老师勇于表达,所说即所想,这种独立思维正是我们课堂上所需要的,我们需要学生在课堂上不受老师观点左右。

  王老师的观点认知高于我的认识,道出了当下课堂问题的要害，即忽略了个体差异——学生个体的差异和老师个体的差异。衡量好课是有标准的，"标准"本身无可非议，没有"标准"如何衡量差别、高下、好坏？问题在于只有一个"标准"，而且是权威的、不变的。课堂上吹着一种"风"、散发出一种"味"，没有地域的差异，没有历史与现实的差异，没有文化的差异，更没有在不同区域、历史、文化背景下具体的活生生的生命个体的差异。

某个冬天，一场旷世之寒袭击长江南北，大雪纷纷扬扬。面对江南的风天雪地，我在朋友圈里记录所感："江南的雪，是柔和的精灵。江南之雪，为江南所有，冷峻而温柔。它不会是暴躁的，不会是肆无忌惮的，不会是绝情而忘乎所以的。有一种飘逸，有一种淡然，有一种浸入骨髓的禅意。"难道不是吗？即使下雪，南方的雪与北方的雪也是完全不同的，飞舞的姿态不同，飘落在地上的状态不同，因而积雪积成的形状也不同。下雪是什么样子？雪原是什么样子？有"标准答案"吗？社会与自然世界未曾出现完全相同的事物，我们在面对它们的时候为什么一定要从某个特定的方位、角度、视点去了解它、解答它呢？

今日的课堂，就是明天的社会、明天的世界。今天让学生习惯从一种视角看问题，长大以后怎么办？他们的思想、思维、情感的方式都是同质的、单一的、机械的，如何去适应社会、引领社会向前发展。以"标准答案"左右考试、左右课堂教学、左右师生的思维方式,非但不是"教育",甚至与教育规律背道而驰了。万事万物都是相互联系的,看似没有联系,实则拥有间接的、内在的千丝万缕的联系。生活中、自然场景中的诸多现象,都是与课堂相通的。比如,前方是远方,远方是我们要去的地方,有两条路可选,总比只有一条路要好,有三条路总比有两条路要好。有越来越多的路可以选择、取舍,当然更好。我们选择、取舍道路的时候,就是求知的过程、学习的过程、锻炼的过程、提升的过程,不被现象迷惑的过程。一条太明亮的路未必比一条朦胧的路好,一条泥泞的乡间小路未必比平坦的公路好,前方有许多可能,只有唯一的所谓"标准答案"式的选择往往会出问题,不是吗?

教育为何这么热衷"标准答案"?有许多匪夷所思的理由。为了"标准答案",追求"高效",课堂就成为寻找"直径"、走"直径"的过程。所谓"高效",不允许走弯路、受挫折,一言以蔽之,就是不允许"失败"。其实,"失败"也是美妙的体验,没有挫折与失败,哪有成就与成功,体验失败也是体验成就与成功的前奏。有时候,答案确实只有"唯一",但是我们也不能把"唯一"直接推出来,现在谋求的所谓课堂效益,往往就是直接呈现"唯一"。

有一次,我去苏州一家园林,进入大门走进厅堂,所见满是花窗。苏州园林的花窗是很讲究的，窗内窗外是相互的映衬、照应，也是相互的借景、拓展。每堵墙壁上的花窗的款式、样式都不一样，这就是苏州园林艺术的特色。可是迎门墙最上居中的花窗却没有窗格，苏州园林花窗的窗格是很讲究的，花纹、花饰的大小、间距都独具艺术气息。为什么此处却没有窗格？窗外古树森然，直接映入室内，效果也很好。于是，我拍了照片上传朋友圈，附言："花窗之美体现了园林的境界。花窗是镜框，花窗是一幅画。窗内窗外，呼唤呼应，实景虚景，都成一景。这个花窗的上中位置，少了窗格，是有意布局，还是坏了掉了？请朋友们说说。"有人说是有意为之，"留一隅望天"；有人却说"那扇窗故意不布窗格，一来可以让观者更清晰地看到窗外风景，二来富有匠心，虚实结合，留白纵思；三呢，就仿佛书法中的错字一样，具有视觉冲击力"；另一个朋友加以升华，"那是一扇心窗，一千个游客便有一千扇心窗；来吧，同学们，给你的心窗雕花吧"。说实话，上述朋友的发言近乎调侃。真实的情况是，这个窗格坏了，拿掉后还没有来得及换上新的。假如，此事经好事者改成试题，以如此角度深挖"内蕴"，编制"标准答案"，会带来怎样的效果？这样做一两次可以，一年、两年……整个十二年基础教育每天都是如此，学生最后会怎么样？

　　我认为解决当下中小学教育教学中的"答案唯一"问题，

是学校改革的大事。"答案唯一"的实质是以教育之名扼杀孩子的天性和创造力。我希望上一节没有"标准答案"的课,从一节开始,到无数节。在应试背景下,我们一两个学校彻底颠覆"答案唯一"也不现实,我们还要生存,但是,我们可以从我做起,从细微开始,从"一"开始,使我们的师生从"标准化"中解放出来,人人有创造之心、创造之情、创造之能。

多元的评价标准为课堂保驾护航

我曾经驱车数小时渡江去听一堂语文课。

史铁生这个名字我并不陌生，但对于他及其作品的认识，还是从语文课堂上得来的。有一天，我在学校里随机听了一堂语文课，这是一节复习课，老师的教学让我走了神。语文复习课多是围绕高考范围梳理出一些貌似"科学"的专项训练，如"错别字""病句""文学常识"等专题，这堂课也不例外，枯燥而单调。我只能随意翻阅语文书，看到史铁生的散文《我与地坛》，这篇情感强烈的散文吸引着我。史铁生以"地坛"为载体，写自己与母亲那种爱的情感，让读者怦然心动，几乎要流泪。下课的铃声响了，我还沉浸在《我与地坛》中，对那节课的内容则毫无印象。

现场已坐满许多慕名前来听课的老师。这不是一间普通教室，而是一个会场，执教者使用麦克风讲课，上的就是史铁生的《我与地坛》。执教者是一位很有成就的老师，曾在全国某项某次语文评优课中获得一等奖。该老师向学生提供了两页补充阅读资料,包括作者简介,地坛简介,史铁生的另一篇散文《秋天的怀念》和马克思、歌德、三毛在内的名人论生命感悟。这节课上得很精彩,构思完整,布局谋篇很到位,灵活运用现代教学技术手段,有歌曲,有配乐朗诵。

很明显,这是一节"磨"出来的"好课",几乎人人都获得了神圣的情感体验。一位特级语文老师在课后直言"听哭了,教书几十年来还是第一次"。组织者课后安排了专家点评,尽管临近午时,我还是坚守原地认真聆听专家的点评。了解专家的点评很重要,专家的态度对老师的教研、教改都具有导向作用。专家的点评时间远远超过上课的时间,恕我直言,我已经记不清点评的具体内容了,只记住了专家点评的技巧。他以自己对语文课的观点为"纲",把这节课作为"例子"来演绎自己的理论。而我直观感受到的这节课的鲜活特点,他几乎未提及。

至今我还是忘不了那节课,对它的思考已经超越了内容本身,促使我冷静地反思一些问题,以克服自己对"好课"理解上的偏颇。一节好课是否允许老师"表演"?课前是否允许学生充分"准备"?是否允许课堂延时?尽管我们在《我与地坛》的教学过程中能明显察觉到表演的痕迹,但这种表演却让学生得到了深刻的情感体验。我们追求课堂的"返璞归真",

但偶尔让教师上一些精心准备的"演出课",有何可非议的？"好课"的标准是什么？特别是对一节具体的课,评价时不应该从固有的概念出发,而应从这节课的真实情景起步。对真正的"好课"不必用严苛的规范去限制它,假如教学进入高潮,开拓了学生的思维,令学生更加投入,即便拖堂了也该得到包容。面对不同的教学情景和场合,对"课"的评价应该更多元化,更具包容性。

自西藏旅行归来,我至今难忘天路风光,如同行驶在纯美的天堂:一片原生态的草地,一条未曾污染过的河流,一座绵长的山脉,蓝天下是大片大片的白云。面对如此奇观,我思绪翻飞,假如这一切出现在都市之中,经过人工修饰,还会如此潇洒,如此超然物外吗？我不得不礼赞大自然,礼赞一切返璞归真。天路的醇美境界才是我所追求的课堂审美境界。

深刻的变化，至于变到什么程度，无法预估。疫情防控期间各个学校都暴露出许多问题，尤其是"表层性做事"的问题已经展露无遗，某些区域和学校为了教育信息化投入许多钱，号称如何先进，却在一场突发的疫情之中露出真面貌：先进的设备只是摆设，供参观、介绍经验使用，到了关键时刻，甚至没人会使用这些超前的设备。这样的事例比比皆是。

我们常常以为走到了"远方"，其实还没有走出家门，甚至如井底之蛙般还没爬出来。我们的中小学拥有最先进的教学设备，却可能缺乏最基本的教学技能。我们凭借一点所长无时无刻不想与人一较高下，结果未出便沾沾自喜。从这次疫情可以看出，所谓超前的工作与项目很多都是经不起考验的。学校不需要摆设，教育也不需要显摆。

所有的类比都有缺陷，把学校存在的这些问题比作"库存"多少有些不伦不类，将"去库存"作为解决之道也有失妥当。不过，由"摆地摊"受到启发，就教育的投入与耗费谈谈资源交换事宜，也并非毫无益处。

焦虑是教育者的劲敌

我去一些地方给校长和老师开讲座，为了卸下他们的心理包袱，开场时总会请他们暂时忘记各自的身份，把自己当成四五年级的小学生。我旋即问道："小朋友们好不好啊？"果然瞬间冷场，但转瞬又沸腾起来，他们异口同声地喊道："好！"

校长和老师该忘掉自己的身份地位，回到童年。童年多好啊，无忧无虑，有什么想法都可以表达，有什么疑惑都可以问。我开讲座时，喜欢让大家放松，放松是我讲课的前提。有时候，当地领导也会来捧场，局长、处长坐在第一排，校长和老师在领导面前显得尤为拘谨，领导自己也矜持。怎么办？我说："领导啊，你们也忘了身份吧，你们和大家一样，不是局长、处长了，来这里也是四五年级的小学生。"大家笑呵呵，我开始提问，请底下听众回答。我说："先请坐在前排的小朋友回答好不好啊？"底下异口同声："好。"多快乐啊，领导们乖乖地站起来回答问题，一时间掌声雷动。人人平等，人人平等地回到学生时代，多好啊。

我喜欢把讲座变成一堂课。一场讲座，就是一堂语文课，确切地说是一堂以语文为背景的"教育感悟课"，不同学科背景、不同资历的老师都能听。首先要面对面建群，"会面对面建群吗？"我问。"太好玩了"，名师会这样说，名校长也会这样说。孩子们在课堂上怎么"玩"的，我们现在就怎么玩。真有一些老师不知道什么是"面对面建群"，也不知道建群的规则。真是像小学生了，得从头学起。进不了群的人焦虑、焦急，大家都忘了身份。

我在群里布置作业，发一篇文章，让大家在三分钟之内读完。当今时代追求速度，会做题还不够，还要快速地做出来。高考的题量多大啊，在有限的时间里解答那么多题目，没有速度行吗？我又让大家用三分钟写一段读后感，到了三分钟就停，在群里提交各自的读后感，人人提交，人人都看得到，不就是最好的交流吗？假如用传统的交流方式，让大家在纸上书写，再请几个人站起来交流，效率何在呢？

教育主管部门禁止学生带手机入校，对此我是有想法的。凡事不能绝对，智能手机何尝不是一台小电脑？何尝不能作为学习的载体或工具？老师们、校长们乃至局长们在群里阅读、在群里提交作业，就像语文课上的课前拓展阅读，补充与作者或课文有关的材料以供学习。短短几分钟内，人人都能独立完成并交流，体验这份效率何其重要？

校长和老师平时又忙又累，听一场讲座还要绷紧心弦、谨小慎微，实在是有悖初衷，他们当下亟须放松。我开讲座时不拘一格，允许他们开小差，玩手机，甚至可以借方便出去透透气、散散心，只要不讲话打扰到别人就行。我告诉大家："今天的讲座，能达到什么目标我不好说，但至少能保证你们其中的一部分人在听完两三个小时的讲座后会写诗。确切地说，能够唤醒我们沉睡的诗情、诗意。除此之外，还将教会你们写高考作文。"会场沸腾了。"真的吗？会吗？"听者疑惑又惊喜。

我要求看图说话，三分钟写一首诗。怎么不可能？前辈曹植不是有七步诗吗？七步不是七秒吗？七秒能写一首诗，我们三分钟180秒如何不可。今天的高考作文只给一节课的时间就要求学生写一篇不少于800字的文章，甚而要求"深刻丰富、有文采、创新"，没有速度行吗？速度是什么？是敏锐地与世界对话。当今时代，能够快速反应，而且能以诗句应答，何其重要？

在广州荔湾与教科院参加名校长培养班座谈会时，许多校长都说自己很忙，学校里有做不完的事。我让大家放松一下，不要什么事都自己做。他们问："怎么放松？"我回："写诗。"他们哈哈大笑,这是多大的奢望啊,怎么可能?我说,可以,三五分钟就能写一首诗。他们又哈哈大笑,简直是天方夜谭!有一位来自薄弱学校的校长,在城乡接合部,缺人、缺教师、缺编制,她整天忙得不可开交。学校虽小,但统辖的部门五脏俱全,一个人恨不得顶两三个人用。好像所有的城市老城区都有这个问题,老城区成为新的薄弱学校聚焦地。该校长给我几分钟让我当场教,我拒绝,让她下午去听我的讲座。她说自己下午没有时间去听讲座了。"不行,你是名教师培养对象,培训一定要去,不能擅自不去。"我苦口婆心。在集体合影后,我提出和她单独合影,鼓励她。下午她真的来了。第二天早晨,她竟自己找了张美图,看图写话,写了一首诗叫作《在这个早晨》:

当晨曦打了个哈欠儿

洒在了

有点儿皱纹的

我的脸上

那一刻

我被炫到了

当晨光绕了个小弯儿

钻进了

充盈着踌躇的

我的心里

这一刻

我被暖到了

　　她给我留言：我想我要成为疯子了。我回答：一首好诗，其情感是发自内心的。今天的教师在生活中还有"疯子"的状态吗？回归"疯子"何其重要？

　　我在苏州大学给宜昌的名师班讲课，同样是教他们写诗。在我们面对面建的群里，几乎每天都有好诗传阅。如今群里聚集了全国各地的老师，更有明霞工作室的老师，每天见缝插针地写诗，抒发情怀。写诗本身并不重要，重要的是找回一颗纯粹、本真的心。

　　现在，教师和校长这么忙、这么累，怎么能有情怀？怎么能保留自己的原创精神和品性？一位教师没有情怀，没有原创精神和品性，还能指望学校教育有情怀、有品性吗？教师应该拥有完整且正常的教育生活、校园生活，特别是美妙的精神生活，这是我们大家所期待的。

二

教育管理
勿以事小而不为

改进学校要自上而下

"学校、校长、改进"之间的关系，怎样才能理得更顺一点？一般的教育者都了解此三者之间的关系，甚至受过一点学校教育的人也都知道，由此看来似乎没有讨论的必要。不过我们还是可以再斟酌一下：若是在"学校"与"校长"之间架起"改进"的桥梁，或许就能生发一些有意义的话题。

眼前的教育不是当下凭空产生的，许多问题也不只是在当下出现。在"教育改进"的话语背景下，我们不妨将其置于"教育百年"的时空中探讨。最近我看了民国一些教育家的著作，如梁启超、夏丏尊、胡适、蔡元培、梅贻琦、陶行知、叶圣陶和朱自清等，他们当年都与中华教育改进社颇有渊源。中华教育改进社成立于1921年，梁启超是五人名誉董事之一，蔡元培是九人董事之一，陶行知担任总干事，他们以"调查教育实况，研究教育学术，力谋教育改进"为宗旨，推动了中国教育科学化、民主化、世界化的进程。那时候，我们的先哲是如何看待教育，如何改进教育的？时至如今，教育在改进时又发生了哪些变化？今天，就让我们以蔡元培的视角来审视当下的学校教育。

民国时以新学堂的形式推进新教育，只有短短几十年，无论是基础教育还是高等教育都不尽如人意，从先哲留下的著述中可以遍观其貌。奇怪的是，百年前的学校问题如今仍然存在，有些甚至变本加厉。而蔡元培等先哲提出的意见和设想并没有过时，至今仍有现实意义。

一、蔡元培就任北大校长，首先就做了两件事：改良讲义和添置图书。

蔡元培在《就任北京大学校长之演说》中提出了三点意见：一曰抱定宗旨；二曰砥砺德行；三曰敬爱师友。蔡元培对北大的贡献，他的教育主张、治理方式，几乎是教育者的常识。当时，北大腐败已经是家喻户晓的事情。读书是为了做官发财——不仅是北大的风气，而且几乎是所有学校的风气。因而，蔡元培说："大学者，研究高深学问者也。外人每指摘本校之腐败，以求学于此者，皆有做官发财思想，故毕业预科者，多入法科，入文科者甚少，入理科者尤少，盖以法科为干禄之终南捷径也。因做官心热，对于教员，则不问其学问之浅深，惟问其官阶之大小。官阶大者，特别欢迎，盖为将来毕业有人提携也。"

在蔡先生的主导下，北大的风气逐渐好起来。可是一百年过去了，现在的情况如何？北大、清华几乎囊括了各地的高考状元。这些状元进入大学，入了什么院系？当年的状元想做官，做官可以发财；如今可以舍了"做官"这一环节，直接进入能"发财"的金融等专业。有多少状元选择了未来收入平平的纯文科、纯理科？蔡元培接着又说："平时则放荡冶游，考试则熟读讲义，不问学问之有无，惟争分数之多寡；试验既终，书籍束之高阁，毫不过问，敷衍三四年，潦草塞责，文凭到手，即可借此活动于社会，岂非与求学初衷大相背驰乎？"

如此学风难道不是当下的真实写照？蔡元培曾经是否想过，他的这段描述仍然适用于一百年后的学校。面对如此学风，蔡元培校长拿出了什么举措？首先，他只选择做两件事，他说："一曰改良讲义。……以后所印讲义，只列纲要，细微末节，以及精旨奥义，或讲师口授，或自行参考，以期学有心得，能裨实用。二曰添购书籍。本校图书馆书籍虽多，新出者甚少，苟不广为购办，必不足供学生之参考。"

学校是做学问的地方，不是升官发财的"敲门砖"。学生要动脑筋，对于老师所授不能死记硬背，要有自己的思考、要有自己的思想。这个举措"太小"吧？改良讲义看似事小，实质却大，恰如"蝴蝶效应"，扭转了北大的整个风气。购置图书，看似也是小事，与改良讲义一样，这两件小事都是我们许多校长当下不屑亲自做的。以中小学教材为例,现成教材越来越多(国家的、地方的、校本的),师生的参考书越来越多,配套的"练习册"也越来越多,而且都配有标准答案,学生可以不动脑筋,按照标准答案的思路解答,老师也是如此,按照标准答案释疑解惑,十分省力。一所学校如此,两所学校如此,每所学校都如此,长此以往,如何是好?

二、蔡元培告诫教育家要有科学的头脑——我们有吗?

蔡元培曾提出学校教育要注意三个问题:养成科学头脑;养成劳动习惯;提倡艺术兴味。也就是说要改进学校教育必须认真做好这三件事。这似乎是对校长等教育家说的,所谓养成科学头脑者,"不但养成几许之科学家,而实希望教育家无论何地何时,对于任何事件,均以科学眼光观察之,思考之,断定之。"九十多年过去了,我们"校长""教育家"的头脑改变了吗?换上了"科学"的头脑了吗?勿言绝不盲从,现在有些学校几乎只知道"盲从",盲从于领导、盲从于舆论、盲从于既得利益,乱决策、乱作为、乱说话,哪里还有"科学"二字。关于"养成劳动习惯""提倡艺术兴味"这两点,与百年前相比改进了多少?"劳动"与"艺术"早已边缘化,甚至在极端的地方、学校,在边缘地带也找不到了。蔡元培在演讲结束时提醒大家"以上三点,望到会诸位深思之"。

三、我们在校园里见到狮子、猴子与骆驼了吗?——蔡元

培的理想

以上两篇蔡先生的演讲，其中一篇关于高等教育的改进问题，是针对北大等高校而设，另一篇是就基础教育之相关问题的改进对中小学说的，为学校把脉、诊断、治疗、开药方。而写于1930年的《怎样才配做一个现代学生》则对学生提出了要求——本质上也是对学校、校长和老师提出要求——人的培养目标、规格问题。关于教育要培养的人才，蔡元培生动地打了三个比方，以三种动物为喻。

怎样才是"现代学生"，在蔡元培看来即拥有"狮子样的体力、猴子样的敏捷、骆驼样的精神"的人。学生应该像狮子、猴子和骆驼一样，通俗点儿说就是身体好，强壮、阳光、生气勃勃，因此要丰富体育活动，加强体能训练。蔡先生充满激情地呼唤："青年们！醒来吧！赶快回复你的'狮子样的体力'！好与世界健儿，一较好身手；并且以健全的体力，去运用思想，创造事业！"

像猴子，敏捷，爬上爬下。蔡先生说那时的中国人迟钝，反应不快。百年来，这一点确实改变了，我们快得几乎超过任何民族，大有"后来居上"之势。时代日新月异，一天一个变化，新事物层出不穷，教育也不例外。然而有些地方、有些学校反应过度，出现了"朝令夕改"的现象。学生的敏捷度都体现在"刷题"之中，学生追求高效，都坐上课堂教学的"高铁"了，如何不令蔡先生"欣慰"？

像骆驼，在于它的精神，它的忍辱负重。骆驼的负重即是蔡先生说的责任。他说了三个责任：对于学术上的责任；对于国家的责任；对于社会的责任。具体的内涵无须多说，各个时期会有特定的内容。蔡先生语重心长地说："以上所说的各种责任都放在学生们的身上，未免太重一些。不过生在这时的中国学生，是无法避免这些责任的。若不学着'骆驼样的精神'来'任重道远'，又有什么办法呢？"

最后，蔡先生在本文中又强调说："除开上述三种基本条件而外，再加以'崇好美术的素养'和'自爱''爱人'的美德，便配称作现代学生而无愧了。"

现实与历史惊人地相似，在此重温蔡先生的教育主张，思考教育改进问题，是大有裨益的。当下学校主要存在什么问题，与百年前相比，哪些已经改进了？就以蔡先生这三篇文章中提出的问题为例。蔡先生说的办学宗旨不正，表现在学生身上即学习动机不正，这个问题解决了吗？办学日益功利化，学校争分数、老师争分数、学生争分数，是不是变相的"读书为了升官发财"？不重视体育、艺术、劳动，这个现象改变了吗？重视生命质量，以学生身体为先，做到了吗？学校教育的基本问题都解决了吗？

这些问题无疑是要改进的，只是挂在嘴上的人多，真正做到的人少。面对学校症结，校长作为第一责任人怎么着手改进？公办学校的校长怎么做？民办学校的校长怎么做？不要以为民办学校的校长做事容易，从某种程度上说，他们受到的制约更多。体制与市场是矛盾的综合体，利弊平分秋色。

不过有一点可以肯定，校长能在一定的权限范围内改变学校的小环境。民国时的北大声名狼藉，蔡元培就任后还不是把学校改进得很有气色？当时的大环境十分险恶，社会环境、文化环境不够理想，蔡先生还是有所作为。陶行知不也是如此吗？他的经历与事迹，想必不用多说大家也是清楚的。这些都是我们的榜样。

因此我想说，学校改进是一个系统工程，很复杂的系统工程，需要协同合作。对教育内部来说，需要蔡元培、陶行知这样的校长，有情怀、有担当、有批判精神和创造精神，通过自我改进实现学校改进。

最后，借此机会提几个问题，与大家一起思考：

为什么百年来教育存在的一些问题，特别是学校存在的一些问题，包括蔡元培、陶行知等人提出的问题，至今改进不大，或者说几乎没有改进？

无论是在历史上还是现实中，蔡元培和陶行知这样的教育家都寥寥无几，当下还有可能出现他们那样的校长教育家吗？

蔡元培和陶行知有局限性吗？假如有，表现在哪里？现在层层培养"教育家型"校长，提倡教育家办学时要注意哪些问题？

尽管现今的教育理论越发精深了，当年那些教育先哲反映的教育问题却仍然存在。但相较今天某些教育名人的高深的教育论述，蔡元培、陶行知、梅贻琦、叶圣陶等人对教育的阐发显得尤为"浅显"，这是什么道理？

新校长的行为纠偏

做老师，尤其是小学老师，害怕遇到患有多动症的学生。多动症儿童容易注意力分散，坐不住、坐不稳，不分场合地自说自话。除了影响学习，还会影响别人，不仅行为上难以自控，就连老师也控制不住他。

我在教初中的时候，遇到一位学生是多动症，三天两头把家长叫到学校来，向家长告状，孩子怎么怎么不听话啦，怎么怎么影响班级的常规管理得分啦。有那么两三天，家长没有等到老师的召唤，自己反而心急了，跑到学校来一探究竟，担心孩子是不是令老师彻底失去信心，不愿意管了。为了让孩子坐得住，保持安静，家长就给他吃药。小孩吃了药之后，虽安静许多，可总有些异样，变得目光呆滞，反应迟缓。

由多动症儿童，我想到了一些校长的"多动症"。只是一个简单的类比，并不十分贴切。校长队伍也是一个复杂的群体，各种各样的人都有，良莠不齐。患有"多动症"的校长，多是新任校长。所谓"新",包括第一次做校长,也包括调任校长——去新学校当校长。"多动症"校长主要表现为心理不稳定,焦虑,不自信,急于出成绩,想引起他人注意,列举如下:

表现之一,缺乏自信,又急于表现自己。这样的人喜欢否定历史、否定传统,不愿被历史与传统掩盖,喜欢另辟蹊径。这本不错,追求特色是每个人的权利,遗憾的是其自身像一张白纸,在纸上胡乱涂写,自我得意的同时也容易流于浅薄。这种表现,往往出现在从薄弱学校或普通学校调入示范学校、重点学校、品牌学校的校长身上。本该稳定,却在折腾;本该持续,却停顿了。

表现之二,内心不够坚韧,喜欢跟风。什么时尚就做什么,领导喜欢什么就做什么,不管学校特点,无视师生需求。如果只是校长个人说说,在论坛上吹嘘,写写论文发表,那么对学校发展尚无大碍。说一套,又做一套,对学校发展的负面影响也未可知。假如自己说了,就要师生立马认同他的新理念,急切地在实践层面、在学校方方面面贯彻推进,那后果不难想象,必然会导致学校无所适从,老师无所适从。

表现之三,图虚名,不做实事,只管喧闹。校长的工作重心不放在课堂上、校园内,不关注教师的专业发展和学生的生命成长,只浮于表面,做的许多事情都缺乏实际意义,仅仅是为了虚名，有形式无实质，劳民伤财。

表现之四，心胸狭窄，容不得人。办学喜欢出人头地，喜欢与别人攀比，喜欢超越别人，暴露出嫉妒之心和攻击之意。提出的新举措，开展的新活动，并不是为了自身发展，而是针对其他竞争者，想方设法阻碍别人的发展，在政策上制造不公，在舆论阵地陷他人于不义。忙来忙去，害人害己。

校长的"多动症"表现多多，很难穷尽。原因不一，有的是性格问题，有的是环境所逼，有的是心理问题，有的是品行问题。凡此种种，若不好好改善，后患无穷。

《窗前的小豆豆》是日本的教育名著，作者就是书中的"小豆豆"。用我们今天的衡量标准来看，小豆豆就是一个多动症小孩。原来的学校容不得这样自说自话、行为无拘束的学生，她就转学到巴学园。那是一所拥有全新观念的学校，校长小林宗作给予她宽松的成长环境，不限制、不质疑、不劝止，让小豆豆在自由生长中自我矫正、自我醒悟、自我规范，从而获得最充分的发展。

小豆豆的案例给我们诸多启示。我们也不能歧视或排斥"多动症"校长，像小豆豆被迫退学那样将其辞退；更不能像对待我遇到的那个多动症孩子一样，一味地让他吃药，致其呆滞木讷。而应该像小林宗作那样，循循善诱，给时间、给空间，促成校长自我完善，走上自身健康发展的轨道。

好校长的四项修炼

好校长有标准吗？什么样的校长才是一个好校长？怎样才能做一个好校长？绝对的"好校长"是一个超越时空的理想，是天穹中那颗最亮也最远的星星，永恒地照耀我们，却始终遥不可及。"好校长"是一个相对的概念，不同的时代与社会对此有不同的要求，甚至区域文化上的差异，也会带来理解的偏差。简单来说，就是"共性"与"个性"、"必修"与"选修"的关系。现在人们对"共性""必修"谈得多，对"个性""选修"谈得少。对"好校长"的理解，首先要把他们视作一个个具体的"人"，活生生的、有鲜明个性的人，用我们的实践不断丰富它的内涵。

"好校长"的标准早就放在那儿了，教育相关部门先后制定了"好校长"的考核指标并运用到评选之中。这些年来，同一事物的概念内涵时常变化，从"优秀校长""卓越校长""教育家型校长""教育家"到现在的"好校长"，称呼不同而实质不变，都是顺应风尚和形势做出的调整。所以，我认为"好校长"应该是优秀校长、卓越校长、教育家型校长，是走在教育家路上的校长，它具有丰富的内涵。

怎样才能称为一个"好校长"？除了政策规定的要求之外，我认为必须强化对校长个体素质的要求，主要有以下几点：

一、"好校长"首先必须是一个"好老师"

教育发展到今天，中小学早已进入以内涵为主的阶段，取代了原先以外部增长为主的方式。曾经有一段时间，校长的工作主要放在筹措办学经费、协调学校与外部的关系上。而现在，质量问题成为学校发展中校长所面临的最大问题。质量不只是指向考试的分数，而是一个更全面的概念。学校的内部管理也从依靠"制度管理"，走向"价值引领"的文化管理的新境界。仅仅依靠行政管理，采用行政手段，已经无法推动学校在更高的层次上发展。校长必须是真正的"内行"、专家，必须具备对课程、课堂和学科的领导力。

因此，要成为一个"好校长"，首先一定要是一个好老师。一个曾是好老师的好校长领导的学校一般都能成为好学校。李迅是一个优秀的数学老师，在数学教学理论和实践上颇有建树，三十多岁就成为福建省最年轻的数学专家。在担任福州一中校长期间,他弘扬传统,锐意改革,使得该校的科学人文水平领先全国。由于办学成绩突出,他后来直接从校长之位调任省教育厅副厅长。再以唐江澎为例,他首先是一位卓越的语文老师,曾参与编写苏教版语文教材,后担任无锡市锡山中学校长,引领学校进行课程改革,大大丰富了学校教育的内涵,成为国内的先进典型。

二、"好校长"应该具有勇于担当的精神

"担当"是一个内涵广泛的概念,中小学校长的担当,指的是对学校的担当、对师生的担当。作为校长,对学校负责、对师生负责是题中之义,本不需再强调,可实际上能不折不扣担负责任的校长却还是少数。不少人以为当校长的基本要义是听话,谁职位高就听谁的,谁能提拔我、给我加工资、给我评优评先、给我优先评职称,我就听谁的,至于学校和师生的根本利益,那都是其次的。一个不重视学校和师生的根本利益的校长,无论其他方面多出色,都离"好校长"这个称号相去甚远。

例如,要做好当下中小学的课后延时服务,不仅仅要按照文件要求操作,更重要的是实事求是,要因地制宜,要分类指导,要校本化。既要服务好学生,让家长满意放心,也要保障教师的基本利益。教师也有家庭,教师也有在读的孩子,教师也有年老的父母，教师也需要时间照顾家人，教师自己的身体健康也很重要，这些都是校长要考虑的事情。据我所知，有些教师早晨六点就出门，晚上七点才回家，寄宿制学校的班主任与值班老师更辛苦，每晚查寝直到十点才能回家。在这种情况下，校长就应该主动站出来为教师说话，抵挡外界的施压，而不是一味地迎合所谓的"社会需求"。

三、"好校长"必须放低身段、淡化"领导"意识

校长不是官职，不能把它当官做。即使现在不提倡"师道尊严"了，也不能助长"校（长）道尊严"。校长可以成为"首席教师"，前提是凭借自身学识名副其实地赢得地位，而不能以权谋私。提倡"平等的首席"，即放下身段，俯下身子与老师对话，不要"一言堂"，不能时时以领导者或专家自居，唯我独尊。

我曾遇到过这样的校长，有进取心，有能力，工作也卓有成效，可就是好为人师，动辄给部下"指导指导"，动辄要帮助别人"成长成长"。开教师大会时，总是自己在讲，一讲就是两三个小时，要老师认真做笔记。自己写了文章发在公众号上，指定中层以上的干部期期转载，为此还特意安排专人检查、考评。校长一定要有平等意识，要让老师多说话，自己多倾听。做不到这一点的校长，无论本领多强，名声多好，离

"好校长"都还有距离。

四、"好校长"要有情怀、情趣与个性爱好

非理性和功利化严重腐蚀了学校教育，诗性和情怀匮乏的中小学教育早已不是一方净土。但教育的纯粹性是多么重要，只有校长纯粹，学校教育才可能纯粹。这些年来，我在各种场合呼吁教育情怀、教育担当和教育的原创性，对师生和校长而言，这都是最重要的素养。而在这三者之中，情怀又是重中之重。

校长是学校的"灵魂"，精神丰满、内心充盈的校长，一定能给师生带来更多的快乐和幸福。一个"好校长"应该个性鲜明，兴趣广泛，有情怀，有一两项特长能彰显其魅力。以唐山的张丽均校长为例，她既是教育者，又是一位作家，散文写得有灵有肉，接连出版了几十本散文集，深受师生喜爱。

什么样的校长才是"好校长"？尽管答案见仁见智，但针对此问题的讨论却意义非凡，经过探讨一定能在更大范围和更高程度上达成共识，促进更多校长自觉地做一个"好校长"，实现理想的教育指日可待。

专家型校长的语言艺术

要做专家型校长,一定要说人们听得懂的话。说别人听得懂的话,别人才能接受你的观点;别人听不懂,你等同于没说,费时费力又毫无效果。

如今,教育普及水平显著提高,专家越来越多,专家的水平也越来越高。这是好事,体现了时代的进步。作为一名老师,这些年来听了无数专家的报告、指导、检查、评估,不知不觉开始比较。有的专家开讲座广受欢迎,让人听了一次还想听第二次、第三次;有的专家刚开口,听众就不想听了,走又走不掉,就开小差。原因之一恐怕在于,后者的演讲内容太深奥,听众听不懂。

最近,我重温陶行知的文章,有些写在一百年前,有些写在七八十年前,年深岁久,读着读着就会感动,读着读着就有感悟,读着读着就会叹息。陶行知既有中国文化的底蕴,又受外国文化的熏陶,博古通今,博大精深,可他的文字还是那么通俗易懂、深入浅出。我不禁感慨，越是大专家，说的话越明白晓畅，让人容易接受、容易认同。

陶行知是杜威的学生，受杜威"教育即生活"观点的影响很深。但他并不盲信权威，即便是老师的理论也敢"把它翻了半个筋斗，改为'生活即教育'"。"生活即教育"成为陶行知教育理论的核心观点，在《生活即教育》的演讲中，他这样阐释此观点："在这里，我们就要问：'什么是生活？'有生命的东西，在一个环境里生生不已的就是生活。譬如一粒种子一样，它能在不见不闻的地方而发芽开花。从动的方面看起来，好像晓庄剧社在舞台演戏一样。"

陶行知接着说："是生活就是教育，不是生活的就不是教育；是好生活就是好教育，是坏生活就是坏教育；是认真的生活就是认真的教育，是马虎的生活就是马虎的教育；是合理的生活就是合理的教育，是不合理的生活就是不合理的教育；不是生活，就不是教育；所谓之生活未必是生活，就未必是教育。"

层层推进，这是第一层阐述，对"生活即教育"还有第二层、第三层的解释，通篇都是这样浅显的话。将杜威的"教育即生活"与"生活即教育"进行比较，不时地打比方，让理论研究者和教育工作者都能听得懂。也就是说，老师听得懂，家长听得懂，学生也听得懂，几乎所有人都听得懂。

同时，陶行知还指出不能死读书，读死书。死读书，就是做蛀书虫，就是把书"当作大烟吃"，"连日带夜的抽大烟"，怎能不"个个黄皮骨瘦，好像鸦片烟鬼一样"。他主张与其说"读书"，不如说"用书"。他说："吃书的人多，用书的人少。现在要换一换方针才行。书只是一种工具，和锯子、锄头一样，都是给人用的。"陶行知为何提倡"用书"？在他看来书中有真知识和假知识，哪怕读一辈子也难辨其真假。"可是用它一下，书的本来面目就显了出来，真的便用得出去，假的便用不出去。"

陶行知是公认的教育家，在中国的教育家里是"大家中的大家"，他的教育主张、他的观点、他的学问，影响了一代又一代的人，也是毋庸置疑的。但他不写所谓有水平的、佶屈聱牙的文章，很少使用学术用语，再深奥的道理也会用通俗的语言表达出来。除了教育本身的意义，陶行知的表达方式也是值得我们学习的。

要做到深入浅出，并不是一件容易的事。能够深入者，不仅要多读书，还要会用，能融会贯通，举一反三。只是学点皮毛，不下苦功夫的话，言语便显得浅薄，毫无内涵，甚至缺乏常识，如此一来反而成了笑话。

所以，想做专家型的校长、老师，就要像陶行知那样，做一个切合实际的大学问家，不仅学问要做好，言语表达也要做到有高度而不失温度，才能受大家欢迎。我们不能一味地标新立异，一味地剑走偏锋，要把握度。把简单的问题复杂化，是假专家，无论来头多大，说的话都只有自己听得懂，收效甚微。把复杂的问题简单化，才是真专家。

高三考生教会我们什么

写这篇文字,是突然的醒悟,也是多年的思索。老师和家长真是在许多方面都不如高三考生,高三考生很务实,踏踏实实,一步一步走,一门课一门课学,一道题一道题地解。他们会根据要求答题,不会想入非非,也不会借题发挥,说一些与题旨无关的话。考场上,他们能静下心来,一个步骤接一个步骤地解题,一个环节接一个环节地拿分。包括什么时候进考区,什么时候进考场,什么东西可以带,什么东西不可以带,都清清楚楚,讲规范,遵守则,不差一分一秒,不差一丝一毫。

向高三考生学习,是多方面的。在规定的时间内做规定的事,并在规定的程序、方式下尽可能做得完美,这是高三考生的特点。以高考作文为例,时兴的是所谓"新材料作文",提供一两句话或一张图表,要求根据材料写一篇不少于800字的作文。什么是好的高考作文呢?每年的高考考纲都明确要求"深刻、丰富、有文采、有创新",囊括了立意、选材、表达、形式等多方面的要求。审题、构思、落笔,再到最终成稿,都必须在一小时内完成。每年都涌现大量优秀的高考作文,甚至不乏满分作文。

许多批评高考的人,常常拿高考作文说事。因为自己不懂其他学科,不能说也不便说;语文却是谁都能说几句,尤其是作文,人人会议论,尽管自己未必会写,议论起来还是一套一套的。比如,为了批判高考作文的荒谬和不合理性,请作家出来匿名写高考作文,再请高考阅卷老师按照高考的评分标准打分。一般来说,作家写出来的高考作文得不到高分,甚至分数很低,作家尴尬不满,于是加入对高考作文的声讨队伍。

高考,包括高考作文,是存在一些问题,但也不像有些人说得那么糟糕。高考作文不是文学写作,它考查的是学生在表达时体现出的综合语文能力。作家的创作需要时间钩沉,让他依据试卷上的材料循规蹈矩地表达,他们的优势也几乎丧尽。

一些老师或家长常常会说,某孩子平时写作文挺不错,考试时却总是写不好,甚至会质疑阅卷是否公平。具体情形虽各不同,但有一点是相同的,该学生没有养成快速写作的习惯。写出一篇好作文需要花大量时间,需要不断地修改、反复打磨,平时可以这么做,考试时却没有这样的条件。不经过专门的训练,在高考中就写不出好文章。高考试卷的信息量大、信息复杂，需要考生灵敏地反应、判断，否则连题目都看不懂，根本就做不完。作文课之所以强调当堂完成，不能拖拉删改，就是为了培养学生应试写作的习惯。是好是差，都要一气呵成。经过长期训练，考生是能够做到思维流畅、出口成章的。

有人认为高考作文是"爬香山"，而类似"诗意写作"的创作，却是"登珠峰"。香山是北京郊外的小山，珠峰是世界第一高峰，由此可见高下。但此话却是说反了，高考作文才是"登珠峰"，其险峻是人生的险峻。一脚不慎，就会掉入万丈深渊。这一步怎么走，那一步怎么走，都是十分讲究的，一步错则前程尽毁，这不像写高考作文吗？一分、两分对高考作文来说都至关重要，会影响到考生的高考全局，乃至影响其一生的走向。怎么立意，怎么选材，如何开头，如何结尾都需要字字斟酌，这不像"登珠峰"？登珠峰需要长期的准备，需要严格的训练，与我们准备高考作文不是差不多吗？想写好高考作文，只能像登珠峰一样去准备、去训练。

写作需要创意，没有创意的写作是没有灵魂的。创意写作与高考写作虽看似矛盾，两不相容，却完全可以结合起来，叫作"高考创意写作"。高考作文的第四个要求是"有创新"，创新与创意在写作中几乎同义。如何让学生在写高考作文时富有"创意"，是我们需要认真思考、研究并解决的问题。作文，不仅仅是语文的问题、语言表达的问题，思维特征、思维方式、审美情趣、审美意识都会直接影响到作文的好坏。高考作文，绝不像爬香山那样轻松。当下各种作文大赛，几乎都没有脱离应试作文的范畴。初赛作品可能是在网上提交，到了复赛和决赛阶段，不都是把参赛者集中在考场里，在考官的监视下，严格按照考试的要求，在规定的时间内独立完成作文的吗？因此，我们学校将致力于"高考创意作文"的写作，无论是在理念上还是在实践的推进中，都要有所作为，有成效。

"向高三考生学习"，不是一句空话。高三考生经历的是人生最慎重、最严肃、与未来发展联系最紧密的生命过程。如果我们做每件事情都像高三考生那样严格、规范、科学地去准备，或许就没有做不好的事情了。"高三考生"不同于"高考考生"，因为后者还包括不少复读生，复读生的成本太高了。因而，从任何角度来看，"高三考生"的效率都是最高的，那是人生的最佳节点，我不能不知，必须虔诚地向他们学习。

线上教学如何取舍？

疫情是所有人始料未及的，整个社会都在仓促应对，教育也不例外。本来学校教育有自己的运行规律与模式，有些是定势，在既定轨道上运行，无论是好是坏，是快是慢，大家也都习以为常。可是，一个未知的紧急刹车，瞬间堵死了原先的道路，这下怎么办？

线上教育有了用武之地。一宣布寒假延期，一些地方很快就给出反应，在网上推出名师课程。他们的用意非常好，把所在区域的学科名师的优质课，按照课表播放。很快，校长和老师们就开始反映，这么做不行，只是名师课的堆砌，缺乏体系性。名师找我聊天时曾质疑："这是复习课还是新课？学生听这些课有什么作用？"我很快做出反应，组织我们的老师开发线上课程，以备课组为单位，分工备课、上课，明确课程的体系结构。"停课不停学"对有些学校来说，主要是不停高考或中考的课程。有识之士立马尖锐地指出：疫情本身即是生命教育的大课堂,"停课不停学"不该成为应试教育的新契机,线上教育也不该成为应试教育的新阵地。怎么办?

友人私下鼓励我对此发表意见,我总是婉言谢绝。并非我没有担当,只是这时候说什么好呢?非常时期,必然存在非常反应、非常举措,十全十美是很难的。以人为本,是我们说了多少年的教育理念,在我们的生命面临危险的时候,师生平安才是第一位的。与生命相比,其他都是小事,微不足道。

可是,这些天来,网上对"停课不停学"的议论愈演愈烈,家长和老师怨声载道。我终于憋不住了,也来说几句吧,只是不可为情势堪忧的中小学教育再添乱了。

区域与区域之间、学校与学校之间,过去很难看出差别与差距。突如其来的"停课不停学",恰恰使其本来面目暴露了。一个区域、一所学校对教育的理解、态度、水平和境界都暴露无遗——某些人的心里只有考试成绩。本来比别人差,还在拼命地追赶,现在机会来了,可以弯道超车,为何不抢先起跑?师生不用到校,负担反而加重了,究其原因,不仅在于领导的教育思想不端正,还有能力水平的问题。有些人平时对教育信息化认识不足、认识片面,追求形式、追求表面热闹,没有真心实意地去做,现在仓促上阵,无论是专业教学还是管理都跟不上。有些地方线上教育水平差,无论是课程还是教学,都在做无用功,为的无非是应付领导和家长,走形式而无实效。

做得好的区域或学校还是很多的，上海、江苏、福建、河南等地都有很好的做法和举措。这时就能看出一个地区、一所学校的真实水平了，是好是差、处于什么阶段一览无余。我在网上结识了一位优秀的基层老师，我问她："现在的线上教学到底如何？网上一片骂声。"她回复道："有效果啊，我是给我们年级的孩子上课，是有要求的，学校、年级、家长、学生是共同体。各取所需吧，意识到位，合理利用，在这种大环境下对学生很有帮助。"

"如果您的孩子在这一个月不能去上学，您希望有老师引领吗？"

"但老师的压力确实比平常上课压力大，因为面对的不仅是学生，还要接受社会的监督，所以每堂课都要精心准备。如果资源太杂乱，又泛化，用别人的或许会减轻老师的负担，但学生家长的接受度没那么高。所以，我们学校都要求用自己老师的资源。这一点确实受家长、学生欢迎，也体现了学校的严谨和管理水平。"

针对"停课不停学"背景下的学校线上教学，有关部门此时正应该组织恰当的检查，以评估优劣，做到心中有数，及时指导，让学校少走弯路。教育部门应该多发挥统筹协调的作用，整合教育优质资源，切实加强管理，追求有效的线上教育。教育研究，不是隔靴搔痒，不是课题报告比赛，而应该抓住现实生成的问题加以调查研究。此时此刻线上教学一哄而上，是不得已，但却给学校教育科研提供了新的研究课题。督导部门、教育质量监测部门应该主动把握时机，有所作为，把坏事变成好事。

此时此刻，我们要多一点相互理解，多一点宽容，我相信没有人在主观上想把事情做错、做坏，都想做好。对于暴露的诸多问题，只要及时纠正即可。我们要处理好线上教育的诸多关系，包括素质教育与应试教育的关系问题，毕业年级与非毕业年级的关系问题，处理过程中要把握好度。疫情过去以后，中高考还是会如期进行，还是要以分数为依据录取考生，因此我理解学校、家长的苦衷。不同角色之间多换位思考是必要的，假如我是家长、假如我是校长、假如我是老师、假如我是学生，我会是什么态度？我会怎么做？假如，现在某个区域或某所学校不做线上教育，它能过关吗？能受得了社会舆论或家长的责难吗？大道理都会说，做起来却不是那么简单。遇事可以多问为什么，什么该做，什么不该做，而取舍的标准只有一个：一切为了师生生命的健康成长，利于师生的就做，不利于师生的就坚决不做。

手机能否作为学习工具？

疑问

手机是好东西吗？现在每个人都说离不开手机，一旦手机不在手里，又不知道去处时，就会焦虑、失魂落魄。如今，手机已经成为人们生活、工作的必需品。可是，大家总以为这是成年人的特有权利，与孩子无关，更与中小学生无关。对此，老师和家长的看法高度一致，禁止学生带手机进学校，即便带到学校也必须收进保险箱，禁止使用。许多名校、名师，甚至声名显赫的教育大家也认同这种做法。后来，我在朋友圈里读到一篇文章《想毁掉一个孩子，就给他一部手机》，转载量惊人，可见防止孩子使用手机已经成为学校和家长的共识。

现实也摆在眼前：沉迷手机的孩子成绩下降，出现心理问题；老师发现学生带手机进学校便当面砸毁；手机被没收，学生哭天抢地；等等。这些问题如何解决？

思 考

手机变得"少儿不宜"——对此我不敢苟同,也不敢贸然接受。我总想突破,还想用实际行动来说点什么。我曾面向学校的初一、初二学生开设"看图说话学写诗"的选修课,让他们接触鲜活的世界,感悟鲜活的世界,面对世界万物、一草一木都有所得。

帮助学生学会感知人生、感知社会,并迅速表达,是我开设这门选修课的目的,写诗、拍照都是实现该目的的途径。上课时,我会要求学生带智能手机来,上网、开通微信。

学生的手机平时被锁在班级的保险箱里,等到我上课的时候,会事先与班主任和家长沟通,征得同意后把手机发给学生。上课了,我要求大家把纸笔都收进课桌,拿出手机搜索公众号,找一些文章。还真有很多学生不会,一个个茫然又好奇。

尝 试

课前,我做了一期公众号,从学生的作业中选择几篇有代表性的习作刊登于此,要求同学留言,各抒己见。规定阅读时间为三分钟,再用同样的时间写感悟体会,写完立即提交,我随即通过。学生当堂练习,在公众号上竞相阅读、交流,好不热闹。

效果如何？所有人在同一平台上平等、开放地交流，在公众号上留言，提交后一经通过，课堂之外的人点开公众号也都能看到。我们这边在上课，那边办公室里的老师也能看到同学的"书面发言"，甚至家长也能即时阅读。

因为相当于正式发表，上课的学生无一不认真斟酌自己的表达，老师和家长几乎不相信这是他们的学生、他们的孩子写的。在如此短的时间内，迅速地写出自己的感悟、感想，是何其重要。时代在快速变化、发展，即使你会做高考试题，没有速度行吗？在规定的时间内，按照规定答题，是应对高考的基本素质。

有一个孩子没有带手机，我询问原因，他说妈妈不让。看着他坐在那里可怜兮兮的样子，我让其同桌在提交留言后，将手机借给他用。他拿到手机后急迫地左右请教，那不是如饥似渴的学习吗？我告诉他，请他妈妈联系我。第二天，他妈妈果然给我来电，问我上课用手机一事是否属实，我予以肯定回答。坐惯马车的人，第一次见到汽车敢坐吗？用了一辈子毛笔的人，钢笔出现后，他不是痛骂钢笔吗？商店还在用算盘结算吗？早被计算机取代了。这些道理家长也都懂，只是不放心。

感 悟

人人皆知不可因噎废食，可学校里仍演绎着不少因噎废食的故事。春游出了事故便再也不许学生出校门；校园内出了车祸就不准汽车进校门——马路上也时有人车相撞，是否就要禁止开车、禁止行走？学校的怪事多到不可思议，归根结底是缺少担当，领导者都觉得多一事不如少一事。

智能手机，就是一台小电脑，是集手机、相机、电脑为一体的综合性学习、工作、生活的现代工具。对中学生而言，如何把手机的消极影响降到最低？如何把手机开发成真正的学习工具与学习载体？如何让手机成为图书馆，成为学生探究世界的窗口，成为学校的交互开放平台？这些都是学校教育的现实课题。在教育信息化的过程中，许多大投入被证明是无效的，也得到不少教训，为何不多研究一些有效使用手机的小课题呢？

最近，我在清华大学继续教育学院为中小学校长培训。开讲前，我让学员们上网搜索公众号，阅读清华大学原副校长胡东成先生在"大学精神引领与基础教育发展"论坛上所作的演讲，请大家留言，相互交流，瞬间拉近了距离。因为是公开留言，校长们字斟句酌，精彩纷呈，其深刻睿智令人惊叹。

北大培文学校在济宁举办骨干教师与班主任培训班时，曾让我做一场以"在现实中实现教育的理想"为主题的讲座。同样地，开讲前我让学员打开我的微信公众号，阅读两篇文章《我曾经的学校是家的梦想》和《中学里的"北大"》，让大家先了解我对教育的大致看法。这种开放式的交流"热身"，拉近了我们之间的距离，讲演时观点不断碰撞，场面热烈而火爆。效率与效益提高了许多，获得了老师们的正向反馈。

现在，我们亟须突破自己。思维定势，保守而缺乏新视野，都是阻碍我们前行的绊脚石。不要把不熟悉的新事物当作洪水猛兽，智能手机完全可以作为新型学习的载体、平台。适度开发一些课程或活动，一定会促进教育教学改革，对学生的健康发展大有裨益。

如何简单化处理校园冲突？

校园里发生了一起学生打架事件，两个男生打架，其中一个看上去凶狠些，另一个看似被欺负了。假如我是班主任，我会怎么办？假如我是校长，我又会怎么办？

每位老师处理问题的方式都不一样。有些老师或许会拉开他们，请他们去办公室谈话，了解事情原委之后，自然会根据事件性质予以处理，要么让学生写检查，在一定范围内作检讨；要么予以处分。有些老师会请家长来，所谓家校齐心，其利断金，很多中小学老师都会这样处理。

但教育家遇到这种情形会怎么处理呢？陶行知在育才当校长期间曾经遇到过类似事件。一天，他在校园里看到一个男生想用砖头砸一个同学，他马上制止了该生，把他叫去校长室。陶行知在现场简单了解情况之后，回到办公室，看到该男生早已在此等候。

陶行知从口袋里掏出一块糖，递给这个学生说："这是奖励你的，因为你比我按时来了。"

接着又掏出一块糖给该生："这也是奖给你的，我不让你打人，你立刻住手了，说明你很尊重我。"

男生将信将疑地接过糖果，陶行知又说："据了解，你打同学是因为他欺负女生，说明你有正义感。"

陶行知遂掏出第三块糖给他，这时男生哭了："校长，我错了，同学再不对，我也不能采取这种方式。"

陶行知又拿出第四块糖说："你已认错，再奖你一块，我的糖分完了，我们的谈话也该结束了。"

这是一个经典案例，研究陶行知的人都知道，它体现了陶行知的教育思想、理念、方法，有人曾以此作为班主任能力竞赛的试题或沙龙议题。有一个题目是这样的：试用我国中小学常用的德育原则，分析上面的德育案例，具体说明哪些地方体现了哪些德育原则。陶行知运用了哪些德育原则呢？标准答案上给出的是"正面鼓励"和"尊重学生"。

答案不错，只是我需要补充一点，陶行知处理这件事时，心中未必想到了所谓的德育原则。德育原则是后人研究出来的，条目众多，专家各有提法，多寡不一。我知道的就有疏导性原则、长善救失原则、严格要求与尊重学生相结合原则、因材施教原则、集体教育与个别教育相结合原则、教育影响一致性与连贯性原则，等等。而"正面鼓励"实属"疏导性"大原则的范畴,"尊重学生"属于"严格要求与尊重学生相结合"大原则的范畴,写论文可以这样展开,在实际教育工作中可能并不是这样。

陶行知处理学生打架事件,没有将简单的事情复杂化,他遇到了,便自己解决了。今天的校长遇到这种事还会自己亲自处理吗?可能会交给德育处,交给班主任,而自己只给出要求。到了德育处或班主任那里就要走程序、按规章制度办理。要惩一戒十,要"杀鸡儆猴",还要以观后效,整肃纪律以维护学校规章制度的严肃性。如此为处理而处理,此事或许就成为学生走下坡、"破罐子破摔"的起点了。

陶行知之所以是陶行知,是因为他心里装着"真"与"善",本真地、简单地化有为无。处理问题,好就是好,不好就是不好,在众多"不好"中寻找一点儿"好",突出了他的"善心"。与人为善,在校园中更多地体现为"与学生为善",允许学生犯错,给学生改正的机会,春风化雨。最好的处理方法就是创设条件,让学生自我反省,且不能留下任何消极的痕迹。

陶行知有一句名言:"千教万教教人求真,千学万学学做真人。"处理学生打架虽是小事,却完美地体现了陶行知教育的"真、善、美"。所有的真教育、善教育,都是美的。比如,他提出了著名的"每天四问":

第一问：我的身体有没有进步？

第二问：我的学问有没有进步？

第三问：我的工作有没有进步？

第四问：我的道德有没有进步？

每天四问，自问自答。每天四问，养成习惯。每天四问，每天进步。教育的春风雨露从哪里来？从我们师生的心里来，这不正体现了真与善的理想教育吗？

居家学习,让学生"玩"出境界

冯友兰称人生有四个境界,即自然的境界、功利的境界、道德的境界、天地的境界。我曾深受启发,也提出了课堂的四重境界,即原始的境界、功利的境界、道德的境界、审美的境界。如今中小学生暂时把课堂从学校搬到了家里,位置和形式虽有变化,实质却是不变的——学生换一个地点学习而已。

冯友兰的哲学散文,在平静而儒雅的叙述中,给人以生命的触动。在《境界》一文中,二人游一名山,一个是地质学家,另一个是历史学家,地质学家在山中看出了地质的构造,历史学家看到的则是历史遗迹。对此,冯友兰感慨道:

"同是一山,而对于二人底意义不同。有许多事物,有些人视同瑰宝,有些人视同粪土。有些人求之不得,有些人,虽有人送他,他亦不要。这正因为这些事物,对于他们底意义不同。 事物虽同是此事物,但其对于各人底意义,则可有不同。"

如今，大家对"停课不停学"有不同的理解，也闹出过一些笑话。我不主张用"停课不停学"这个概念，学校教室可以是课堂，家里也可以是课堂。社会即课堂，生活即课堂，不能用"停课"的狭义概念，代替丰富的课堂的完整概念。我主张用"居家学习"这个提法，可能好一些。

对于学生居家学习这件事，不同的人有不同的认识，表现出不同的态度，做事的层次就大不相同。不能到校学习，本是一件无奈的事，是一件很痛苦的事。既然无可奈何，我们何不超然一点，化被动为主动，成为学习变革的新契机。疫情居家，开启新的学习方式。各个学校表现不同，得到的反响也不同，有的家长或老师对新的学习方式表示欢迎，有的则怨声载道。其实，这也是各地各学校重新洗牌的契机，将带来学校的长远变化。

我认为居家学习，学生要多"玩"。"玩"是一种综合能力的表现，知识、技能、情感、态度、价值观等同样渗透其中，不应窄化或贬低"玩"的含义。与课堂上严肃的学习方式相比，它更有趣、更活泼、更放松、更不经意、更吸引人，在某种条件下，它是一种文化浸润、情感体验的学习方式。学生要多玩，总体来看，"玩"在学校教育中是不够的，甚或是缺失的。玩什么？怎么玩？许多研究性学习都是"玩"的方式。平时没时间，现在时间不是来了吗？研究性学习最适合学生分散、灵活性、机动性强的学习环境了。老师启发学生提出研究课题，引导学生自主或小组合作完成课题，学生可以上网搜索查阅资料，在网上探讨，分析比较，真正成为学习的主体。

我认为居家学习，要指导学生多读书。学生的阅读远远不够，现在空余时间多了，何不组织他们读书呢？老师提出读书计划，配套建议性的阅读书目，指导学生做摘录、写读书札记。平时无暇顾及的系统阅读乃至整本书阅读，此时都可以实现了，何不认真实施？

我认为居家学习，不要总是想着考试科目，不要总是传授传统知识，要改变一味灌输的教学思维，重新设计教学。什么课该上？什么课可以缓一缓？什么课需要改变内容与形式？什么课需要颠覆过去的上课思路？这些问题都需要思考研究，周全部署。

我认为居家学习，要提高学习效率和效益。有些省市已经明确要在疫情之后"补课"，双休日改成单休日，缩短假期。那么，已经上过的网课需不需要重新教学？各个学校、各个班级之间的差距实在太大，开学后如何重新梳理整合？现今的在线教学，很可能是重复劳动，普遍存在低效乃至无效的问题。中高考的必考科目应该严格、高效、科学地进行，狠抓实效，而不是做给人看，敷衍了事。

我认为居家学习，要突出校本研修。平时无事找事，现在面对诸多尖锐复杂的教育教学问题，我们老师何不拓宽思路，以此为课题呢？当然，学校领导是关键，领导的境界、水平、态度是决定因素。领导不动，老师很难动；领导不懂，老师没法动。这些问题也更需要教育主管部门、教研部门及早思考、行动。有些校长公开讲话时展现了不少好思路，并付诸实践；有些则夸夸其谈，讲大话或废话，忽悠社会与家长。说实话，把过去程式化的教育教学思路照搬到网络教学中，是会出问题的。功利地说，把居家学习这件事真正做好，时间用好，无论从哪个方面看，都可能会弯道超车。

冯友兰提倡"气象"，即所谓的圣人气象、贤人气象，如他所言，"一个人，因其所处底境界不同，其举止态度，表现于外者，亦不同"。冯友兰看重人的"怀抱、胸襟或胸怀"，所谓"怀抱、胸襟或胸怀"，即人的不同的心理状态，他说："一个人其所处底境界不同，其心理底状态亦不同"。此刻，学习方式的变化令不同地点、不同学校都呈现出不同的气象。我们有"圣人气象""贤人气象"吗？我们的"怀抱、胸襟或胸怀"足够宏大、超脱、热诚吗？

如何创办科学的家长学校？

学校与家长的沟通是一个大问题，如果没有家庭的配合、家长的配合，学校教育很难有实际效果。举办家长学校，实质上是培训家长作为教育者参与进来。无论身份、地位、学历如何，家长们在子女的教育问题上始终存在一些误区。办学水平高的学校，通常在家长学校教育上做得也很好。反之，即使学校的办学水平、教育制度、教学管理、课堂改革、课程改革、教学改革等条件优越，最终呈现的教育质量也不会尽如人意。

我经常参加省、市的教育督导或教育评估，会着意关注当地有无"家长学校"检查的条款。在诸多的学校工作中，家长学校教育工作相对而言做得比较差，存在几方面的问题：

最常见的是以家长会取代家长学校。督导检查时的台账资料看着有一大堆，认真查阅才知道都是家长会资料。一所学校少则十几个班级，多则上百个班级，每学期考试前或考试后至少要开一次家长会，与之相关的材料堆叠在一起，可谓壮观。

以家长会替代家长学校是急功近利的表现。家长会的质量普遍不高,考前的家长会是施压会,向家长们宣扬考试的重要性。是统考的话,关系到个人、班级和学校的荣誉;是期末考试的话,关系到分班提优和"三好学生"的评定;是中高考模考的话,将直接反映学生的真实水平,影响学生正式考试时的情绪和心理调节,等等。家长们如临大敌,丝毫不敢懈怠。

考后的家长会,是考试成绩通报会——在某种程度上也是"告状会",排名次,通报名次,名次总是有升有降,没有常胜将军。这样的家长会也令家长胆战心惊,每次成绩波动都引发内心震颤。一旦得知孩子退步,便如天崩地裂,连家都不想回了。

曾经有位家长告诉我,原本她是期盼召开家长会的,后来得悉是按照"优秀""中等""较差"的层次分批召开,对学生家长分类指导,而自己被安排到了第三类,心情瞬间跌落谷底,连自杀的念头都出来了。

还有一位家长,在孩子高三第一次模考之后等待着参加家长会,左等右等都没接到通知。原来学校为集中力量提高名校的录取率,只针对有望进入名校的学生的家长召开会议。他眼巴巴看着好学生的家长才有资格参与的家长会,羡慕得如同叫花子在看有钱人大口吃鱼啖肉。

家长会成了学校功利教育的一部分,有多少学生因为家长会而惶惶不安,有多少学生在家长会之后遭受棍棒伤害?有多少父母在家长会之后因教育意见不合而吵架,或分居,或出走。

从家长会便可看出一所学校、一位教师的教育水平和境界。家长会的现状如何改变?我认为要把"家长会"转变为"家长学校",要系统安排,要有课程、有教材,要对教师进行专业培训——不是每位老师都能随意站上家长学校的讲坛的。完善家长学校,必须先建立教师资格制度。

很多"家长学校"都是鱼龙混杂,名不副实。我这样说,有点残忍,许多学校辛辛苦苦做家长学校,最后还得不到正面评价,可谓南辕北辙。改变学校,要从改变细节开始,家长会的细节、家长学校的细节,都是学校教育的真实细节。从功利的家长会走向科学有效的家长学校,还有许多路要走。许多校长并不重视这个问题,将家长学校放在学校教育工作的边缘位置。其实,它是当下学校教育内涵式发展的题中之义,直接反映并影响学校的教育品质,必须予以高度重视。

家访，为优秀传统正名

　　许多地方对家访都有数量上的要求，由此引发了社会热议，有人鼓掌，有人不理解。这是一个好现象，久违的事物，再见定是欣喜惊奇乃至有些不习惯。学校家访也是如此，作为早先学校与家庭、老师与家长沟通的主要方式，随着信息时代的到来，被电话、邮件、微信等联系方式取代。如今重提家访似乎绕不开情怀，其实它不仅是现代教育的怀旧，也是一个教育问题，更是人们对当下社会生活的反思，对沟通方式的反思，自然会聚焦一段时间。

　　我做过班主任，那是二十多年前的事了，三年班主任做得有滋有味。中考临近，同学们放假在家，有三天自主复习的时间。学生都回家了，我做什么呢？我决定家访，一家一家地跑。这不是学校统一的要求，而是发自我的内心，毕竟三年朝夕相处，心中颇有不舍，况且彼时也是他们最焦虑的时刻，我要去看看他们。我家访还有一个目的，就是看望各位家长，毕竟三年间经常见面，一朝孩子毕业，再见面的机会就不多了，我要去与他们告别。这次家访很简单，每到一家就坐一会儿，与家长聊几句，鼓励孩子几句，仅此而已。尽管过去二十多年，谁也没有忘记这件小事，再次碰面时这是少不了的话题。某年暑期，那一届的十几个学生以"毕业25周年"的名义提议相聚，我突发奇想道："到时我再召开一个家长会，让你们的父母一起来，如何？"原以为他们会反对，谁知他们竟一致赞同，我相信每个人都会期待这个"家长会"。

开学的教师大会上，我动员推进家访工作时自然想到了这件事，便说给老师们听。此事后来被媒体得知，竟要采访我，过去的寻常事在今天竟然会成为新闻。时代进步是主要趋势，但仍有令人遗憾的地方，社会的浮躁给学校带去不良风气，优秀的传统往往就被丢失了。我坚信未来不仅属于未来，也属于传统，未来必将正视优秀的文化传统，教育也一样。重申家访问题，是对优秀的教育传统表明态度。教育正向现代化迈进，教育现代化是思想理念、教育行为的现代化，而优秀的教育传统——包括家访——是教育现代化的题中之义，必须发扬光大。

家庭与学校应该联系在一起，家庭教育与学校教育更应该紧密联系，道理大家都明白，但在实际操作时还是难免相悖。这不是老师与家长的本意，往往是沟通方式与时机不当导致的。孩子的成长需要和谐宽松的环境，这方面还有很多工作亟待教育者去做。我们常说，在学校，老师就是父母；在家庭，父母就是老师。学校是孩子的第二个家，家庭是学生的第一所学校。既然如此，学校与家庭之间就要及时沟通与衔接。家访的内涵很丰富，未来还会不断丰富，家访的形式也在不断变化，但家访的实质不会改变，它的作用是任何现代教育手段都无法替代的。

在不经意间给孩子留下深深的教育烙印，那才是境界。犹记得三十多年前我在苏州十中读书时，班主任家访的情形。我的初中班主任是徐老师，他当时很年轻，到了我家话还没说，脸却红了。我早已不记得交谈的具体内容，但那腼腆的老师形象却记在心头，四十多年的师生情便是从那时开始的。比起他来家访，更多的是我们去他家"家访"。他住在唐家巷，小巷曲折，走到他家坐在院子里，他给每人端来一杯白开水，同学们就开始七嘴八舌地讨论班级事务，那种感觉真是好。后来，徐老师被评为全国优秀班主任，真是应得的。高中的班主任秦老师也去过我家多次——算不算家访我没有界定过，到我家后，他只与我父母打声招呼，接着就聊我们自己的事情了，谈得最多的是读书和写文章。在我家的厨房里，他坐在小竹椅子上，地方又矮又局促，如今回想起来的这些不经意的小事，都是影响我之后工作、生活的"大事"。

为什么家访？这是教育的需要。为什么家访？是为了学生的发展，这久已陌生的教育形式确实需要回归了。最近听一位家长说，小孩从幼儿园到高中从没经历过家访，现在是头一遭，感觉很好。他说坐在家里与老师见面，一下子就和学校亲近起来了。我们提倡家访，既不在乎评奖，也不争当先进，毫无功利之目的，一切从实际的教育出发，从师生的实际出发。我们每位老师都是用心的、善良的、爱意荡漾的，在学校的实际教学中永远把学生的发展放在第一位。家访工作也一样，抓住教育的契机，我们会做得更好，不做表面文章，只看实效。

安全教育不能因噎废食

生命是最宝贵的，没有什么东西比生命更重要。所谓"以人为本"，对学校来说，即以师生为本。学校的安全工作是第一位的，而生命安全更是重中之重。危害师生生命的事情，无论背后的诱惑力有多大都不能做，这是底线。安全教育不是挂在嘴上的，是要落实到行动上的，不是追求形式的，而是要体现在本质上。

为生命喝彩，为师生的生命成长喝彩，是学校的神圣使命，责无旁贷。现在学校把安全工作放到了十分重要的地位，"一把手"责任制，由校长负主责。每学年、每学期都要签订目标责任制，年末或期末还要专项检查考核，凡出现安全问题的班级，一票否决当值教师的评优评先资格，工资、绩效、奖金也会受到影响。可谓到了极致，前所未有。

不过，凡事都要有个度，一旦过度，好事即变成了坏事。有没有注意到，有些学校对安全问题的重视到了因噎废食的程度。大家都知道，"因噎废食"最早见于《吕氏春秋·荡兵》："夫有以噎死者，欲禁天下之食，悖。"它自古就是一个贬义词，多用于指摘人害怕做错事便索性不做事，因小而失大。因安全问题而因噎废食，显然是指拒绝承担风险而干脆放弃教育，毫无作为。本该举行的教育活动也因此终止或干脆不启动。

如若某校出现安全事故，甚或是师生的伤亡事件，警钟立马会传遍区域内的所有学校，校方紧急召开安全会议，突击检查。未雨绸缪本没错，可学校如临大敌，为避免再出安全问题，计划好的春游被叫停了，本该走出校门去参加社会综合实践活动的，也找到了取消的理由。把学生关在学校里上课、做作业、考试，似乎成了最安全的举措，既省力又有成效，何乐而不为？师生出校门要层层报批，手续之烦琐，让人受不了。

最近，朋友闲聊时提到学校安全问题，已至"杞人忧天"的地步，每时每刻都在担心学生出事，把学生看得死死的，几乎到了进出教室都要排队的程度，千方百计减少学生独处的机会。所有的楼道都封锁起来，百亩校园内处处是摄像头。为了所谓的安全，渲染出如此恐怖的氛围，实属矫枉过正。

然而，其他时候的工作效率却低到令人瞠目结舌。据说，自备饮食的老师向学校申请一个冰箱，直到学期结束都尚未落实。有些老师带了饭菜，担心在室内放久了会变质，怎么办？

他们把食物放进袋子里，从窗口垂下，挂在寒风之中以储鲜保质。一个崭新的学校，于现代化的校舍中，却保留着三四十年前大杂院里零乱的一幕：窗前吊着满目的篮子、袋子、绳子，红红绿绿，大大小小。真是令人"怀念"。但愿我这样描述，是夸张。

其实，学校的安全工作与添置冰箱之间没有必然的联系，但转念一想，秉持以人为本的信念，对师生的关怀也应从细节做起，老师的饮食起居何尝不是一件大事。万一食物变质，影响到老师的身体健康，那可如何是好？心中真正想着师生，呵护师生的生命成长，应从点点滴滴的小事做起。

拒绝"包办式"阅读

关于学生写作，曾经有位老师提出一个很重要的看法：学生写不出来，写得没有创意，不仅是因为书读得不多，还因为在读书上学生没有选择自由。这一观点触动了我的思绪，我突然想到曾经多次晤面的校友李政道，他曾聊过自己小时候读书的趣事。

李政道读中学时，父亲对他只有一个要求，每门课每次考试不得低于80分，考满80分就不再管他了，于是李政道每次考试分数都维持在81分左右，由此得到大量的时间，读了大量的书。李政道父亲的这一要求，给李政道留出了大量的阅读空间，仅此一点就对李政道的人生发展产生了重大影响。我们对此有何话说？

名人好为人师，总是喜欢推荐书目，不自觉便限制了别人的阅读范围。这一做法对成人尚可，对孩子却应该慎重。

如今许多中小学老师确实不读书、不会读书，除了教材和配套的教参、辅导材料、练习册、试卷汇总、分析之外不再翻书。他们也不知道什么是自己应该看的书,缺乏自我选择,对他们来说,推荐书目仅仅是贩卖产品,卖给学生。这也是有些学校境界不高的主要原因之一,老师都不会读,怎么能指导学生?这是当下中小学的实际情况。能为学生的阅读着想的老师何其少,何其可贵;知道自己该多读书,还把自己喜欢的书通过家长推荐给学生的老师是多么好啊。老师自己认真读书,得出真实体悟后,再据此推荐给别人,这是值得鼓励的。

现在,有些地方或机构喜欢制定阅读书目,尤其是给中小学师生制定书目,如"教师必读书目""教师选读书目"等。对学生也一样,做得很具体。古今中外,各种科目,无一遗漏。再按比例分配,这个选几本,那个选几本,似乎做到了全面兼顾,但有用吗?

关于读书,专家和学者是应该提出一些建议,但是怎么提?叶圣陶的态度很明确,他说:"我们以为举出一些具体的书来回答,是不很妥当的。"因而他断然回绝了读者对具体书目的请求,并给出了三点理由:"第一,这中间或许会掺杂着我们的偏见;第二,不一定适合读者诸君的口味;第三,举出的书,读者诸君未必就弄得到手。"

那么,针对读书,叶圣陶又是如何建议的呢?他仅仅提供了几个项目,作为读者选书时的参考。

"关于各科的参考书是可以选读的",他认为教材只是"各科知识的大纲",进一步学习就要依靠拓展性阅读。叶圣陶很实在,说的是实话。教师和学生的阅读,首先应该围绕教科书,学业还是很重要的。

"关于当前种种问题的书是可以选读的",与时代、社会联系紧密的书需读,在课堂上学了原理原则以后,要能够联系实际解决具体问题。当时正处于抗日战争期间,叶圣陶建议选读一些历史地理相关书籍,包括本国史和外国史,本国地理和外国地理。而如今疫情暴发,学生也可以读一些生物或历史的相关书籍,了解历史变迁中的瘟疫大事件。唯有如此,"青年才能够认识时代;认识了时代,自身才能够参加进去,担负推动时代的任务"。

"关于修养的书是可以选读的",用今天的话来说,就是读一些能提高自身素养的书,如一些儒学经典。叶圣陶以《论语》为例,指出读此书"好比与修养很有功夫的孔子面对面,听他谈一些修养方面的话",能受用一生。接着叶圣陶解释道:"所谓修养,其目的无非要明了自己与人群的关系,要应用合理的态度和行为来处理一切。"

"关于文学的书是可以选读的",叶圣陶特意把文学单独列出来,"读文学可以认识人生,感知人生"。但是,他又特别指出,"同样是诗,有优劣的分别;同样是小说,也大有好坏",需要选择,选上品来读,同时还特别强调理工科的学生也要读,那是接触人生。

叶圣陶是公认的教育家,前些年倡导"像叶圣陶那样做老师"是明智的决策。叶圣陶的教育思想与实践是宝贵的教育遗产,而继承不是挂在嘴上,要有实际行动。要读叶圣陶的书,听听他说了些什么,看看他针对教育的各种问题给了什么解决方法。了解他的想法、观点是为"知",此外还要有行动,认真去做,这是"行","行"与"知"要结合。

叶圣陶对于读书的建议可谓真知灼见。如何读书,读什么书,都是教育中的大问题。如何指导师生读书可以看出一个人的境界。指定阅读书目的人其实是控制欲在作祟,以自己的意志、兴趣为标准,把自己的想法强塞给师生,这是对教育的控制。更有甚者以营销为目的,制定各类书目,有的是推销自己的"书籍",有的是推销自己的"思想",这样的书可以不读。

来到培文教育集团,我也曾想搞一个培文推荐阅读书目,分为教师阅读书目和学生阅读书目,必读书目和选读书目,并辅以读书会、作者与读者见面会等。随着此项工作的推进,我越来越觉得此事似乎不那样重要了。网上查阅一下便知,许多人、机构都有推荐书目,书目与书目有何区别?其实区别不大,只在推荐人的兴趣点稍有偏差。再细想,我们自己的兴趣爱好，可以这样堂而皇之地强加给别人，尤其是孩子们吗？

　　制定书目也不可率性妄为，有一定影响力的正经教育机构，更不能由着自己了。首要考虑的是，孩子们真的需要我们推荐的必读书目和选读书目吗？传统文化书籍和外国书籍的比例如何分配，以及各种教育问题和社会问题的影响也要评估考虑，推荐书目不是一件简单的事。孩子与成人是不一样的世界，尽管上一代人对下一代人有引导之责，老师和家长也不应该强求孩子。比起推荐书目，更重要的还是教会孩子们如何自我选择。

　　孩子的自由阅读何其重要？莫言辍学之后自由阅读，他的天性没被扼杀，从而在其作品中保留了淋漓尽致的想象力和鲜活的民间气息。给孩子们自由阅读的空间，就是给他们自由发展的空间。今天的孩子还有自由发展的空间吗？李政道的父亲只要求儿子每次考试达到80分，其余时间爱做什么都是孩子的自由，因而，李政道在中学时代充分发展了个人兴趣，最终成为著名的物理学家。

　　今天孩子的所有空间，包括阅读空间都被老师和家长控制了，他们用自己的愿望和理想，自己的兴趣和爱好，自己的荣誉和名誉，填满了孩子们的空间，孩子们还能拥有一个充满个性的未来吗？我们要给师生一个藏书丰富的图书馆，而不是一张指定阅读范围的书目单。书目可以有，但不是唯一选择，不能把它当成孩子必须完成的作业。读不读，怎样读，都应该由孩子自己选择。而不能像前面那位老师说的那样："家长一味要求老师开书单，他们则按照书单机械地买回那些书，按部就班地要求孩子学期内看完，不需要增加，也不允许减少。"

真正的阅读，是孩子的自由阅读，相信孩子们有自己的抉择，有自己的判断力和审美能力，未来是他们的，那是老师和家长无论如何都到达不了的地方。我们不能预设太多，我们必须放手，把孩子还给他们自己。

教育是将"生活"倾囊相授

在指导学生写高考作文时,我总是会强调感悟能力与审美能力对于写好文章的作用。什么是感悟能力?宋朝的王安石在《游褒禅山记》中说道:"古人之观于天地、山川、草木、虫鱼、鸟兽,往往有得,以其求思之深而无不在也。"王安石感慨先人观世界万物,都有所得,而今没有了,他竭力呼吁要恢复这个传统。现在,又是一千年过去了,却当如何呢?王安石所说的"有所得",我的理解,就是当下所说的"感悟"与"感悟能力"。那审美能力又是什么呢?就是有境界地、艺术地把获得的感悟表达出来。能呈现"感悟能力与审美能力"的才是好文章。

教学生写文章,绝不仅仅是解决写作技巧的问题。往深处说,是教学生"生活",是把好的生活态度教给学生,包括如何对待生活中出现的一切。对一草一木,对风景或日常场景,对一人一事,对亲人、朋友、老师、同学,对陌生人的一言一行,都有所触动、获得启发。面对世界万物,这是"阅读",把自己的感悟呈现出来,那是"表达"。从"阅读"到"表达",要靠"思想"。所以我一直认为,写作的关键是"情感、态度、价值观"。要想让学生把作文写好,当须直抵问题的实质。

我要求学生留意生活,包括留意学校的日常生活,并从中锻炼自己的感悟能力与审美能力。学校举行田径运动会的那几天,运动场上有许多场景都触动人心。我走在操场上,以对学生的要求那般去观察,突然,我站定,退到角落,迅速在手机里记述了如下文字:

"运动会是学生最盼望的活动,竞赛场上运动员与观众都是那样的情绪高涨。可是有没有看到这样的景象:班级的观众席上,操场的僻静之处,不时会见到学生争分夺秒读书、复习、预习、做作业的身影。平时,他们总是盼望着运动会早点儿到来,可以暂时放下学业,可以轻松点。然而,运动会真的来了,真的到了可以放下学业的时候,他们又放不开了,书本仍捧在手上。是可喜呢,还是不可喜?是学校教育进步呢,还是遗憾?对此,家长与老师会不会有不一样的态度?我的内心是不是也在窃喜?"

我在朋友圈里发表了这段感想,请大家针对这种现象各抒己见。在高校就读的校友说,是升学率、就业率的压力所致；身为高校老师的家长说，是校风好、学风好的表现；媒体记者说，孩子该读书时不好好读书，该玩的时候也不会玩；也有人说，学校要有统一规定，不准拿书到操场；更多的人说是学生的焦虑无奈之举。所有的见解都有道理，沿着其中一种或几种意见去思考、延展，就能生成一篇好文章。老师，是给学生做表率的人，让学生写作文，老师自己就要写作文，甚至要先写，先体验，感受过程，品味甘苦。我会把今天的情形与感触，放到下次的课堂，让学生去谈论。

　　不过，此刻我写这篇文章，本意不在于教学生写作，而是谈自己对教育的感悟。如何看待学生在运动场上看书、读书？理解它？研究它？我相信，只要我们认真思考、反思，一定会对今后的学校教育产生启发性影响。对我们老师来说，生活中的一件小事，旅途中的一片风景，与人交往中的一个细节，等等，都能感悟到教育，正如王安石所说"有所得"，这是一种重要的基本素养。做一个有情怀的老师，以天地万物为友、为师，那是境界。教师在学校、在课堂的一言一行，其实就是在书写自己教育的文章、人生的文章。文章能否写好，同样需要有"感悟能力与审美能力"。课堂教学要与学校日常生活紧密相连，做老师最忌麻木，最忌机械。做教育更是如此，敏锐、敏感是教育可贵的品质，感悟、顿悟更是教育的必经之路。

三

既是领导者
也是教育者

教师专业发展的前提

一、教师也是人

我在许多场合都问过同一个问题：教师是什么？闻者都愣住了，一时间回答不出来。哪怕是名师、特级教师，也未必能答得出。教师是什么？传统的说法是"蜡烛"——燃尽自己，照亮他人。如今又说是一种"专业"，强调"专业发展"。唯独忘记了教师首先是人，教师的专业发展包含着"人的生命成长"与"教师的专业成长"等不同层面。

2021年，我去了西藏墨脱，墨脱本身海拔并不高，可它四周是连绵险峻的雪山，因而不易抵达。雅鲁藏布江穿过，江水奔腾，劈山开岭，本当直行而去，却绕着一座山大拐弯后顺势流出。我曾站在它的边上，领略它的气势，看白云如棉被、如薄纱轻笼其上。彼时，我想到了教育，尤其是"教师的专业发展"。在教师专业化水平不高的时候，强调教师的专业发展是必要的。但几十年过去了，时代背景发生了变化，这项要求提出的背景已不复存在。"专业发展"的内涵得到实质性的丰富了吗？并没有，其内涵不断窄化，实际操作时的空间更加逼仄，把教师的发展框定在"本学科"、"本课堂"或"本学校"内。

站在雅鲁藏布江大拐弯处，我不禁反思自我，所谓"人的专业发展"是否就是走捷径，就是尽快在岗位上成才？职业发展与生命成长是不是两回事？人是否应该多些个性、爱好与特长，即便是看似与职业无关的个性、爱好与特长？坚守岗位的教师看似放缓了成才的步伐，其实是在拓展各自的人生，放宽眼界。教师是什么？教师首先是人，教师专业发展的前提是人的发展。我不太喜欢用"教师专业发展"这一概念，就像我不喜欢用"有效课堂"或"高效课堂"一样（同样是被异化、窄化的概念，在实际操作之中往往指的是那些与考试密切相关的课堂）。在教师发展这个课题上，我喜欢用"教师的生命成长"这一概念，何时能在日常的学校工作中将"人的发展"摆正位置呢？

二、曲径通幽，才是风光

我在地理研究所观摩过河流形成的实验现场，原来所有的河流在地形、地质条件下，在自然力的作用下，都不会形成"笔直"的河道。自然形成的河流蜿蜒曲折，于无序中寻得规律，与天地山川相呼应，魅力无穷。教师何尝不是，有成才的捷径吗？即便有，也与河道一样是人力所为。许多教育者，也包括我自己，都曾"走捷径"设立教师目标，比如"一年站稳讲台，两年成为课堂能手，三年校园成才"。这样的目标对新教师而言或许有一定效果，但总感觉缺了什么。忽视教师的个性特长和兴趣爱好，把教师赶向"课堂流水线"，实质上是想把他们培养成"流水线"上的合格操作工。

某市一位教育局长曾经给我发来一条短信，问我心目中最重要的学生品性有哪些，我不假思索地回答：情怀、担当、原创性。他又问我认为老师最重要的品性是什么，我又不假思索地给出"情怀、担当、原创性"。当下社会最缺少什么？我认为就是情怀、担当、原创性。如何让未来的社会更阳光，必须用我们老师的"情怀、担当、原创性"影响并培养学生的"情怀、担当、原创性"，由此才能支撑起未来社会的"情怀、担当、原创性"。然而，有多少教师在专业发展的实践过程中把"情怀、担当、原创性"摆正了位置？从捷径上走来的老师拿到高级职称之后，就进入了职业倦怠期，特级教师或正教授职称都不想要了。职业生涯像一条笔直的河流，流到东是这样，流到西也是这样，身处不同的时空位置，环境却一样的单调，如何不倦怠？曲径通幽，山回路转才是风光。

三、拒绝"套作",坚守原创的人生

有人提倡"像叶圣陶那样做老师",但以今天的标准来看,叶圣陶很可能是个"不合格"的老师。其他的不说,单是他的普通话就不标准,一口苏州方言一定拿不到普通话专业证书,此谓"专业化程度不高";在教书的同时还写小说、散文,一心两用,此谓"专业态度不端正"。以今天教师专业化的标准来要求叶圣陶,他能算是一个好老师吗?然而,在中国现代中小学教育,特别是中小学语文教育上,叶圣陶的地位是很难撼动的。又比如杨绛,曾经是我们学校的学生,之后成为我们学校的老师,还当了一年的校长,读书教书时都充分展现了其文学才华与人格魅力。离开学校、离开教师岗位的她,终成一代大家。以现在的专业标准来看,她也不是一个称职的老师,既没有读过师范,没有教师证,也没有稳固的专业思想,校长王季玉几次三番地挽留她,她都执意不回头。近几年,我们去拜访她,她总是笑吟吟地先问我们承不承认她当过校长,她很看重这段历史。她影响了无数人,她的作品影响了无数人。我们能狭隘地要求老师只在校园里或教室内发展吗?叶圣陶、杨绛都是宽广如雅鲁藏布江一般的人,他们奔腾而来,奔腾而去,其间波澜不惊、静静地流淌,小拐弯时显柔美之姿,大拐弯时成壮丽之景,顺其自然。这样的老师何其少?是什么原因呢？

教师不仅仅是一种专业，对老师本人来说，各自所拥有的人生也很重要。我曾告诉老师，评选教师职称需要论文，我们趁年轻赶快完成它，把一生需要的论文都准备好，然后去做有关原创性的事情。若是语文老师一边教书一边创作，散文、诗歌、小说等体裁对我们语文老师来说，就是叶圣陶所说的"教师下水"。现今的很多语文老师都不会写作，更不要说创作了。指导高考作文，只是一味地让学生模仿，教他们"套作""转换"，以至于高考满分作文都可能是抄袭之作。这不可悲吗？

四、离开，才是更好的回归

近几年，我们发起"诗歌回归中学校园"活动，并启动"全国中学生校园诗会"，定期出版师生诗集。在高考作文"体裁不限，诗歌除外"的背景下，让学生读诗写诗，目的不在于成为诗人，而在于培养他们拥有诗人的"情怀、担当、原创性"。做到这一切的前提是老师必须富有诗性。我们的语文老师从教材出发，离开了教材，去系统地研究比对中外诗人及同时代的诗歌流变，研究荣获诺贝尔奖的诗人，研究苏州诗人，研究《红楼梦》等，并出版相应专著、诗歌或散文作品集。这种状态渐渐会成为学校的常态、教师的常态，是悄无声息的，却涵养着教师的生命，同时更影响着学生的生命成长。

　　教师是什么？教师首先是人。在教师发展的问题上，我们首先必须着眼于"人的发展"，放弃狭隘片面的观点与做法，追求跨界的、交互的、综合的、辩证的思考与观察。离开自我才能找到自我，教育或教师也一样，走出去，才能回来。离开学校才能找到学校，离开专业才能回到专业。

叶圣陶怎样做老师

"像叶圣陶那样做老师"由教育行政部门提出来,其意义比教师自己提出来要深远得多。在这个时代,要想培养校长或老师成为教育家,首先得培养教育官员成为教育家,要有教育家意识和教育家胸襟,否则只是一句空话。教育部门亮出叶圣陶作为教师发展的标杆,其实就是为教师发展提供权威标准。

"像叶圣陶那样做老师",我们至少要知道叶圣陶是怎样做老师的。叶圣陶在苏州草桥中学读书,后来去了甪直古镇教书,1936年至1937年,叶圣陶曾在苏州振华女中任国文写作兼职教师。他是有独立思想的人,是"师"不是"匠",绝不会把学生当作容器拼命往里面灌知识。"教是为了不教",是他教育思想的精髓。他的语文教学,特别是作文教学,见解独到。比如,他在与夏丏尊先生合作出版的《文心》一书中提出了"作文是生活,而不是生活的点缀",揭示了作文与生活的关系,至今仍具现实意义。

"像叶圣陶那样做老师"，要像叶圣陶那样追求丰满的人生。叶圣陶的一生不仅仅是教师的一生，他还当过编辑、作家，甚至担任过教育部副部长等要职。人们对叶圣陶作为一个教师的认识，即对他的教育价值的认识，是从他的文学成就开始的。没有他的文学成就，也许就不会有他的教育成就，作家的名声造就了他的教育家名声。由此我们得到启发：要在宏大的背景中去发展教师，要在整个时代的、社会的、文化的、人生的背景中去发展教师；不要把教师束缚在校园里，限制住他们的眼界；不要异化教师专业发展的概念，窒息他们的生命活力和创造活力。教育与整个社会生活是息息相关的，要鼓励教师超越本专业，超越环境，去思考，去探求。

爱因斯坦在《培养独立思考的教育》中说："用专业知识教育人是不够的。通过专业教育，他可以成为一种有用的机器，但是不能成为一个和谐发展的人。要使学生对价值有所理解并且产生热烈的情感，那是最基本的。他必须对美和道德上的善有鲜明的辨别力。否则，他——连同他的专业知识——就更像一只受过很好训练的狗，而不像一个和谐发展的人。"因此，"像叶圣陶那样做老师"意味着教育将出现一个重大的改变，不仅会涉及教育教学的改变、课堂教学的改变，还会影响教师管理，包括教师政策、教师评价、教师专业发展的策略等。

叶圣陶所处时代与今日有相同之处，也有不同之处。尽管时代在变化，我们仍需坚守叶圣陶那一代人留下的教育传统。"像叶圣陶那样做老师"，意味着我们要重视叶圣陶提供的经验和主张，还要更清晰、全面、准确地了解叶圣陶教育思想的实质，而不是机械教条地依样画葫芦。时代在进步，如何据此做出改变也是很重要的。"像叶圣陶那样做老师"，不仅仅是以叶圣陶一个人为标杆，还要像以叶圣陶为代表的优秀教师群体那样做老师，如夏丏尊、朱自清等。伯特兰·罗素在《教师的作用》中指出："真正具有教师气质的人更希望在自己的著作中长存，而非依赖自己的躯体。精神上的独立感对于教师履行职责至关重要，因为他的职能在于传授知识、培植理性，以形成公众舆论。"叶圣陶以及他所属的那个优秀教师群体，正是真正有教师气质的人。我们今天学习他们，以他们为楷模，是为了更好地传承优秀的教育传统，使每个教师都能成为一个和谐发展的人。

向朱自清学习什么

我们知道朱自清一般是从他的几篇散文开始的,《背影》《荷塘月色》《春》中的经典段落或句子已然成为"常识",不知道的人几乎等于没有上过语文课。

中学语文课堂上,若不能带领学生进入作者视角感怀父亲攀爬月台之不易,这样的语文老师不会是一个好老师;教学生写作文时,若不能领着学生细致揣摩此处的"背影",这样的语文老师也不是擅长作文教学的能师。"背影"的内涵深广,人类最宝贵的情感都凝聚其中。据说,朱自清原本与父亲关系紧张,写作此文之后和好如初。好的文字见真情,唯有真情能打动人心。

朱自清写荷塘月色宛如梦境,既是眼前之景,也是内心冥思,无法排解的点点忧伤都被月色浸润。教学生写景时,若不能带领学生品咂荷塘况味,由景入情,这样的语文老师定是不善鉴赏,指导学生写作也是不得要领的。

《春》的行文如春天一般明媚晴朗，若说《背影》和《荷塘月色》尚存淡淡忧伤，那么这一篇《春》则是拨云雾见青天。作文不可僵板，要生动，如何教学生写到这一步？学朱自清，多打比方，多用意象。抽象的春，被朱自清拟人化之后，变成可触及的具象物。朱自清是老师，也是作家，与叶圣陶是知己。叶圣陶提倡语文老师写"下水作文"，朱自清身体力行。

读《朱自清语文教学经验》这本书才让我见识到朱自清作为中学语文老师了不起的一面。从前，我对朱自清的文章不以为意，写到这种层次的作家多着呢，写到这种层次的散文多着呢，足以纳入教材的这种文章多着呢，可朱自清在中学语文教学上的高见，令人一听如醍醐灌顶。他只做过五年的语文老师，却对中学语文教学有如此深刻的研究，自然受人敬重。一个语文老师写作至此境界，其意义定然超越一般作家。

我也做过语文老师（只做语文老师，不担负管理职责），相比之下，我做了些什么呢？近一百年来，对于朱自清在书中提出的语文教育问题，我们的认识似乎并没有进步。一百年来的语文教学反反复复，似是"日日新"，然而回顾朱自清等先驱之理念时，幡然醒悟，原来我们不仅停留在原地，有时甚而还在倒退。

1925年5月，朱自清在《中等学校国文教学的几个问题》

一文中谈了八个问题，分别是"理论与实际"目的"教学与训育""教师""教材""文法、作文法、修辞法及国音字母""在教室中，改文与作文、说话"。仅看标题就知道朱自清对语文问题的研究之深广，从宏观到微观，格外重视与关注繁枝末节。

在阐述第一个问题"理论与实际"时，朱自清说："原来照他们的论文所说，真是条理井然，圆满而且周到，真是理想的好系统！而事实却总是参差错综，决没有那样整齐，不能由你遵照定章，按部就班地做去。那些论文里的详明的计划，到了教室里，至少要打个五折！"这是专家的通病，是语文教学论文的通病，有没有痊愈？朱自清认为只能打对折。95年过去了，折头是升是降？幅度多少？专家心里有数，语文老师心里也有数。

如今，中学语文教学界研究的问题越来越深奥，越来越专业，像一根竹竿插在那里，风一吹如何不倒？研究的问题似乎也越来越博大，像一张纸，薄薄地放在那里，风一吹不就破了跑了？研究的过程和结论也越来越玄乎，回过头来看看朱自清的论述，振聋发聩，颇有些"放下屠刀立地成佛"的意思。

朱自清在《论教本与写作》中谈到语文课堂的"读"与"写"。如何读？要让学生学会欣赏，能欣赏教材的好。怎么引导学生？他说："欣赏得从辨别入手，辨别词义，句式，条理，体裁，都是基本。囫囵吞枣的欣赏只是糊涂的爱好，没有什么益处。真能欣赏的人不一定要自己会创作；从现在分工的时代看，欣赏和创作尽不妨是两回事儿。"说得多清晰、多精到？要言不烦。我们尽可以拿朱自清的《背影》《荷塘月色》《春》作"教本"，辨别词义、句式、条理和体裁，从而臻于文本鉴赏的至境之中。

　　语文老师向朱自清学什么？学他教学的用心、用情、认真扎实，不回避问题，实事求是，不好高骛远，不故作高深，抓住基本问题躬自探求。朱自清是一个优秀的语文老师，在他身上可以找到成为优秀的语文老师最重要的两条标准：一是善于阅读，带领学生真正领悟字、词、句、章；一是善于写作，带头下水，给学生做示范，创造经典。只这两点，语文老师们做到了吗？我们离优秀语文老师还有多远？

突破教学的思维定势

每逢语文的重大考试，社会关注度最高的便是作文。以2018年的北京卷作文为例，两个题目选其一。第一个题目给的阅读文字是：今天，众多2000年出生的同学走进高考考场。18年过去了，祖国在不断发展，大家也成长为青年。请以"新时代新青年——谈在祖国发展中成长"为题，写一篇议论文。要求是"观点明确，论据恰当充实，论证合理"。假如我是考生，我一定不会选择这个题目，题目太泛、太大，又要求联系自身，把"渺小的我"放在一个极其宏大的背景中来写。要在一节课左右的时间里完成这样一篇文章是不容易的。再说，此文在论点、论据、论证这三方面并无具体要求，边际太宽泛，考生很难下手，行文往往会流于空泛。第二个题目同样提供了阅读文字：生态文明建设关乎中华民族的永续发展，优美生态环境是每一个中国人的期盼。请你展开想象，以"绿水青山图"为题，写一篇记叙文，形象生动地展现出人与自然和谐相处的美好图景。具体要求是："立意积极向上，叙事符合逻辑；时间、地点、人物、叙事人称自定；有细节，有描写。"我是考生的话自然会选择这个题目。我关注高考作文多年，曾得出一个结论：高考作文在一定程度上是"看图说话"。几年前，全国一卷高考作文给了一组小孩子的漫画，是典型的"看图说话"。而2018年北京卷的"绿水青山图"，本质上也是"看图说话"，只是用文字间接提供了一幅画面，中间要注入考生的想象。

由此题目，我得到两点启示：第一，如今已经进入了"读图时代"，学生的阅读不能只停留在阅读文字的层面，还要引导学生读图。读图也不只是看表面，还要学会读场景，将真实的场景呈现在脑海中。第二，要引导学生"行走"。在看图作文中"想象"极为重要，是建立在存储基础上的，学生要有图像的积累。"行走"的问题，不仅在于教会学生读文字、读图片，还要指导他们到现实生活中去"阅读世界"，即注意观察、注重积累、善于联想，将似乎毫无关系的事物联想到一个场景中。我怎么写"绿水青山图"？高考作文是有其特殊要求的，每年都会发布考纲，作文的层级要求中明确提出文章要写得"深刻、丰富、有文采、有创新"。"绿水青山图"如何体现这四项要求？可以学习范仲淹《岳阳楼记》的写法，两段式，第一段"看图、写图"，正如范仲淹对岳阳楼本身的描摹，考生起笔便描绘绿水青山之景，有人有事有细节，运用叙述与描写的手法。第二段发议论，写感想，谈感悟。若第一段立足于"丰富"，那么第二段则立足于"深刻"。《岳阳楼记》的深刻性就体现在最后一段，"先忧后乐"升华了主题。围绕什么是"优美生态""生态文明"，考生要发表自己的深刻见解，即用"警句"凸显题旨。至于"创新"，则体现在行文角度的选择上，描摹这幅"绿水青山图"时最好从侧面切入，找通常不易察觉的视角去展现。"看图说话"型的高考作文既是未来的一种趋势，也是回归传统的需求。历史上的许多文人，都是"看图写话"时留下了佳作，比如范仲淹，只是看到滕子京提供的岳阳楼图便写下不朽的《岳阳楼记》，完全符合当下高考作文提出的"深刻、丰富、有文采、有创新"的要求。因而，我们要突破作文教学的思维定势，找准教学切入点。

每个老师心里都要有"好课"标准

每次教育改革都会掀起一阵讨论"好课"的风潮,关于"好课"的争论已经持续了很多年。什么是好课?好课有哪些特征和要素?对此,专家学者论述无数,能制定好课标准的都是专家中的专家,这些专家制定出的标准直接影响着整个基础教育的课堂,左右着基层教师的课堂行为与课堂形式。最近,有关好课标准的讨论似乎出现了不同的声音。有专家说,好课就是平实的、朴实的、扎实的、充实的课;也有专家说,好课就是有思维品质、情感温度、价值体验的课;更有专家说,好课体现着一种理想,好课是品质,是境界。有些专家从宏观上界定,有些专家在微观上限定;有的抽象,有的具体。这些讨论对拓宽老师的视野无疑是有很大帮助的。然而众说纷纭,纷杂的声音让一些老师摸不着头脑。比如,关于好课的思维品质,我曾看到一份细化量表,列着"思维的长度、思维的宽度、思维的深度"这三项内容。我绞尽脑汁也没有厘清它们的特点与区别，更不用说在课堂上细化呈现了。专家们往往仅凭个人好恶，各执一词。为什么"平实"才是好课的重要标准呢？那些才华横溢的老师呈现的瑰丽烂漫的课堂难道就不是好课了？崇尚理性的专家也没错，可若只以"思维长度、思维宽度、思维深度"为标准，该如何评判感性主导的课堂呢？诗性中的混沌、朦胧、不确定性，课堂上还需要不需要了？

我曾极端地说过，有些专家是挖陷阱的人，他们的好课标准就是一个个陷阱，他们的鼓励引导着老师们往陷阱里跳。过去强调学生的主体性时，以学生发言的人数、时间长短作为衡量好课的标准，发言的人要超过全班人数的60%，发言的累计时间不得低于一堂课总时间的60%，一项达不到标准都不算是好课。在追求多媒体运用的时代，好课的标准是一定要有课件，现在又矫枉过正，凡是有课件的一概不能算作好课。各层各级的专家左右着课堂，专家理念是什么样的，老师就要呈现什么样的课堂，如此一来真是利弊参半。什么是好课？老师对此要有内心的坚守，返璞归真，回到教育的原点，回到我们自己的优良传统。我对好课的理解很朴实，学生有所得的课就是好课。哪怕教师"满堂灌"，哪怕学生没动手没动口，但只要学生记住了老师的某句话，甚至某个眼神，并能从中受益，这堂课就是好课。每个老师都有自己的特点（个性、学识、情怀）和表达习惯，青年教师首先要上轨道、上规范，之后则必须走出轨道、走出规范，形成自己独特的课堂个性。我做过长时间的课堂观察，发现许多老师的日常课堂与精心准备的评优课是脱节的，评优课按照评课标准研究探讨并实施，日常课堂却按照异化后的"有效课堂"要求在进行。无怪乎一些专家和老师会哀叹公开课、研究课、评优课与整体的课堂教学质量没有多大关系。

我们提倡每个老师的心里都要有一个好课的标准。这种标准是共性与个性的统一，是清晰的，也是朦胧的。所谓共性，在于体现国家的要求和学校的文化；所谓个性，在于体现学科的特点和个体的特长。每节课都要找到最佳的呈现方式，教学内容不同，教学对象不同，千变万化，千姿百态。每节课都有重难点，以专家的标准面面俱到地实现它是不切实际的，课堂也必须有所为、有所不为。确立好课的标准其实是对老师提出了更高的要求，教师的素养、学识、气质都于无形之中影响并制约着课堂质量。教师要上好课，"工夫在诗外"，仅仅记住抽象的或具体的好课标准是上不出真正的好课的。心中时刻想着上好课往往也是上不出好课的，境界就在不经意间，就在自然的一举手、一投足间。一个有情怀、有原创性、有担当的老师，坚守与创新并重，自然会创造天人合一的课堂。

做教育家没有捷径

近几年，倡导教育家办学的热情越来越高，许多地方都拿出人力、财力与时间，举办培养教育家的研究班、培训班，特别是校长班，成效很明显，不讲规律办学、唯功利办学、糊涂办学的现象在各地越来越少了。不过，我们往往会以一种倾向掩盖另一种倾向。一些地方培养教育家是有指标名额的，三年内培养多少，五年内培养多少，都是有规定的。此外，还有严格的年龄限制，什么年龄范围内的校长可以进入培养计划，什么年龄范围内的校长可以评定教育家，或类似教育家的荣誉，都是有政策规定的。一些校长或教师，把列入培养计划或参加培训班当成身份、身价的标志，在名片上突出"某某省教育家培养对象"等虚名。综上所述，所谓的"教育家"，似乎有些走味；学校的"教育家"越来越多，似乎也有点不正常。

校长们热衷于提升自己，多读些教育理论书籍本是好事，以科学的理论指导实际工作也是进步的表现，但不能似是而非。最近，我去大城市听了一所著名中学校长的专家报告，他开头就讲："多年来，我从不看教育的书，你们那些书店里的教育论著像个什么样子？"我一听愕然，竟有这么牛的校长？过后深思，觉得他讲的不无道理。现在，校长大多会写书，特别是经过一定培训之后，在专家们的指导下，提出一个教育概念，再结合学校实际使之体系化。从校园到课堂、从课程到社团、从德育到智育、从教师到学生、从历史到现实，进行全面而深入的总结、阐述。这类书乍看似乎有道理，看多了就发觉不对，因为内容大同小异，引经据典差不多，实际案例差不多，体系结构也差不多。

事实上，是不是教育家，不在于参加了什么培训班，也不在于写了什么书。教育家与教育理论家是有区别的，中小学里的教育家与大学或研究机构里的教育家也是有区别的。中小学里的好教师就是教育家，同样，中小学里的好校长也是教育家。好教师的内涵很简单，就是能教出好学生，同理，好校长就是要能培养出优秀师生。不过，做教育家不是目的，通过做教育家办出好教育才是本意。特别是校长，不能在学校里处处以"引领者"自居，因为校长当不当教育家无所谓，是不是好教师才是根本。真正的教育家，应当力求在日常的教育生活中，踏实而满怀激情地组织好每个教育教学活动，为教育的每个细节都赋予意义。

王安石在《游褒禅山记》中说："古人之观于天地、山川、草木、虫鱼、鸟兽，往往有得。"今人也应如是。我曾去过西藏，面对雅鲁藏布江"大拐弯"时生出许多联想。雅鲁藏布江本当顺流而下，不承想它竟环绕一座山蜿蜒流出。在领略它非凡气势的同时，我也在想，教育家的培养是否一开始就不该走捷径，而应充分尊重真正教育家成长的路径和规律呢？有时候，看似缓慢的成长步伐，其实是在拓展眼界、涵养成为教育家的境界。

最优秀的教育者在哪里

几年前,美国知名教师雷夫·艾斯奎斯被请到苏州来,我曾与他一同参加读书沙龙。与会前,他被安排参观一所当地非常好的小学,受到热烈欢迎。学生优秀的表现让雷夫很开心,不料,他在走出校门后却对陪同的中国同行说:"这个城市最优秀的老师一定不在这里。"雷夫的意思很清楚,最优秀的老师一定是在普通学校乃至薄弱学校。这话似乎有些绝对,但仔细想想,还真是这么回事。

重点学校面临的教育问题远没有普通学校乃至薄弱学校多。重点学校里集中了许多优秀学生,教师教得轻松,得心应手;重点学校同样集中了大批优秀教师,校长管得轻松,得心应手;而普通学校和薄弱学校不一样,生源参差,"问题"学生多,学业问题和品德问题尤为突出,教师"教书育人"的担子更重一些。按理说,应该给这样的学校多配置一些好老师,可现实情况却是优秀教师少,教师队伍整体水平低一些,校长的管理责任更大一些。同样地，也应该配置一些好校长，可实际情况却并非如此。干出成绩的校长会被提拔到重点学校，业绩平平的校长则长期留在薄弱学校。教师也一样，一旦在薄弱学校做出实绩就会被引进重点学校。

学校与医院正相反，医院越好，接收的重症病人越多，好医院不仅集中了所有的疑难杂症，也集结了好医生、好设备和高超的治疗手段。一些小毛病根本用不着去那里，在社区医院即可，甚至药店的坐堂医生就能解决。教育规律虽与卫生医疗规律不同，但有一点是相同的，面对的都是人。医疗指向肉体层面，教育指向灵魂层面。灵魂的塑造、精神的塑造，其复杂性并不比重塑病体低，为什么教育水平高、条件好的学校反而不接纳"问题"多的学生呢？为何不选派更多的优秀校长、优秀教师去普通学校或薄弱学校？情况确实比较复杂，一时间很难说清楚。

这些不正常的现象与长期以来的教育思想、教育理念有关，更与社会风尚、价值舆论等有关。学校教育的本质与价值已然退化，学校只教书不育人，或者把教书放在绝对位置，把育人放在从属地位。对教师能力的判断也以教书的成绩为标准，育人好坏只是辅之参考。真正的好老师、优秀教师应该是把育人放在第一位，在育人上成就显著的人。雷夫所说"最好的老师"在我看来就是这个意思，对校长的要求与评价也一样。

现在都在培养教育家，通过业务培训的途径和行政手段加快这项工作。有，总比没有好，做了就尽量做好。组织部门不要总是把眼光对准重点学校，普通学校和薄弱学校更有可能涌现教育家。行政部门也应该把更多的好教师、优秀教师、好校长、优秀校长乃至教育家型的教师或校长派往普通学校和薄弱学校，正如好医生要去重病患者多的医院一样。

我记得朱棣文在哈佛大学毕业典礼上演讲时曾说，他希望学生有感恩之心，不仅要感恩那些好老师，更要感恩那些差老师，正是他们让学生养成了自我学习的习惯，给了学生更大的发展空间。由此我们得到启示：就本身优秀的学生而言，老师好一点、差一点没有多大关系。立志于做教育家的老师或校长，应该走出重点学校的大门去普通学校和薄弱学校，那里才更需要你们这样的人。

我也曾研究过一些教育家的成长历程，重点中小学里几乎走不出真正的教育大家，我最敬佩的两个教育家陶行知、苏霍姆林斯基都没有当过重点学校的校长，这一点难道不值得深思吗？现在，到我们彻底转变的时候了，任重而道远。

新时代"好老师"新解

怎样才算一个好老师?教师的核心素养与其个性、兴趣爱好之间有什么关系?教师在课堂上的"十八般武艺"与课堂外的"十八般武艺"需统一吗?我沉思,有许多话想说,却理不出头绪。于深秋的细雨之中,我出门漫行,不知不觉就来到了附近的小山村,在水边寻一棵大树,坐在树下的木椅上,脑海里还在思考"好老师"的问题。"好老师"一定是不功利的老师,"好老师"就像这片原野,一定是能滋养生命的老师。问题很简单,凡是能滋润学生生命、助其成长的老师就是好老师,而无关乎所谓的专业素养与非专业素养,无关乎所谓专家学者的研究界定。

一

什么样的老师才是这个时代的好老师?通行的说法是"专业发展"较为理想的老师。"专业发展"有特定的内涵,"教师专业发展"也自有特定的内涵。但我们真的按照"专业发展"或"教师专业发展"的实质内涵去践行了吗？其间是否异化乃至偷换了概念？比如，教师的"多面手"指的是除了本学科专业的能力素养之外，教师还兼具其他专长。这些专长一般不属于"教师专业发展"的题中之义。假如一个数学老师在数学教学之外，还是个围棋高手，那么该老师的围棋水平是否可以归纳到他的"专业发展"的范畴之中？同理，假如一个语文老师除了语文教得好，歌也唱得很好；一个物理老师除了科学素养高之外，足球踢得也很好，那么我们是该重视、肯定、鼓励这些"武艺"还是置若罔闻呢？我们做过一次调研，将调研对象分为两组，一组是校领导和学校主要部门的负责人，另一组是各学科的优秀骨干教师，每组十人，用半个小时写出自己心中的"好老师"特有的内涵、品质与素养。最后，我们总共收集了一百四十条意见，归纳结果显示，多数教育者对"好老师"的判断标准都停留在学科素养、教学能力、态度责任等层面，只有一个人提到了教师的"绝活"，即所谓的"十八般武艺"。在践行了多年"诗性教育"、提倡做"超然"教育的我校，对教师素养的认知尚且如此狭隘，可见当下社会对"好老师"的理解多么单一。

二

追求"好老师"的境界,需要我们不断地追问什么是"好老师"。好老师,首先必须是一个称职的老师。所谓"称职",在我看来就是普遍意义上的专业合格,即胜任教育教学工作,能把握课堂,做到有效教学。其次要有家国情怀和使命担当。情怀是现代人最重要的素养之一,是区别"人"与"非人"的重要标志。教师不同于一般的职业人,他们可能会影响一代人,无论是在正式的教育环境中还是在非正式场合,无论是刻意为之还是潜移默化,其对学生的影响都极其深远,因此给老师带来了更高的职业要求。

仅从教师的视角来研究教师是不够的,要放到特定的文化背景中才能获得"真知"。比如,研究江南的教师必须联系江南的文化。姑苏的文化,从某种意义上说是刺绣文化,精美、精致,耳目一新,雅致而不张扬。为什么?有一种内涵在。借助刺绣艺术或许更容易阐释"好老师"这一概念,不同的人有不同的个性,本质属性一定是通过富有个性的形式表现出来的。教师是人,而"人"的本质属性在教师身上一定是由富有个性的"教师职业"体现的。是如何体现的呢?与刺绣有没有一点关系呢?或许有。刺绣是艺术本身,也是艺术的元素。服饰上的刺绣,是艺术本身,也是服饰艺术的元素。教师的专业和专业以外的个性、特长、爱好，正如衣衫与衣衫上的刺绣，是其本身也是元素。生命质感的标志是什么？是否就像衣衫上的刺绣？是否提倡教师发展除本学科、本专业之外的其他素养？比如，数学老师除了数学之外，还爱好书法、绘画、舞文弄墨；语文老师除了语文之外，还喜欢拳击、游泳、舞刀弄枪；物理老师除了科学之外，还热衷秦砖汉瓦、湖石灵璧；等等。

教师的"多面手"与刺绣艺术中的"双面绣"是不是有相通之处？苏绣中的双面绣，两面都是画，没有正反之别。一面绣了一只猫，另一面或许就是一对狗；一面是山，另一面或许就是水；一面是冬天，另一面或许就是春天，栩栩如生，活灵活现。教师是不是最好也如此，有职业化的一面，还有与职业无关的个性化的另一面。正如魏书生除了语文教学之外，还有包括打拳、游泳在内的诸多爱好。这些爱好似乎与魏书生的职业关系不大，却对他的实际教学产生了很大的影响。

老师的"绝活"平时或许作用不大，但在一些特殊场合，面对一些特殊的教育对象时，其意义却非同一般。由于偏好某位老师，有些学生就会努力学好该老师所教科目。为什么喜欢该老师？因为该老师有魅力。魅力从何处来？因为该老师是"多面手"，有十八般武艺，虽是理科老师，但人文素养很高，琴棋书画、吹拉弹唱无一不晓，无一不通。学生如何不喜欢？"好老师"应该是一个丰富、立体、多元的概念，要拓宽教师发展的视野，从教师的专业发展出发，走向超越教师专业发展的新阶段。所有的教育概念都有特定的内涵，但并非僵化不变的，不同时代、不同区域、不同学校、不同的人都有属于自己的个性表达。

三

教师专业的发展，既是职业的发展，更是人的发展。如何让教师成为一个完全的、立体的人？完全的、立体的人，就是灵与肉完美结合的丰盈的人。我们可以简要地考察一下历史上的名师，看看他们都是什么样的人。苏格拉底算不算一个好老师？除了研究传播他的学术之外，他还喜欢养生健体。孔子算不算一个好老师？他酷爱韶乐，三月不知肉味，音乐能使他忘记一切。金岳霖是不是一个好老师？一个哲学家竟然喜欢斗蟋蟀。也许有人会说这些名人不具有普遍意义，那我们再看下普通校长和老师。清华附中校长王殿军，原是清华数学系的教授，任职校长后不久就带领清华附中取得了很多教育成果，上升幅度很大，牵头在高中做大学先修课程，影响广泛。他之所以能带动一批学校改革创新课程，除了校长领导力之外，还得益于他的个性魅力。我们曾经同在校长高级研究班里读书，他是数学老师，却会写诗，常常一顿饭还没吃完，一首诗就写出来了，还能声情并茂地朗诵。他会唱歌，陕北调子拉起来，能令听者兴奋地手舞足蹈。由此我们不免陷入深思，在本专业之外，教师如何与人进一步交流、发挥更大的作用？

某摄影师曾在偏僻深山中拍摄到这样几幅画面：冰天雪地之中，一位山民孤独地在山间行走；山中炎热，一群孩子跳河戏水；秋天，山野草木枯黄，唯有牧人领着一群羊；春雨时分，三个小孩撑一把伞，把自己装进竹篓里。照片真的很美，大山深处的清贫经过艺术渲染，成为作品留了下来。艺术与生活毕竟是两回事，为了成为别人眼中的"景致"，他们就要维持这样清贫的生活吗？教育也一样，为专家学者及教育管理者认可的所谓"教育之美""教师之美"的景象，还应该保留吗？看上去专业性十足，却暴露了精神的贫瘠，有些学校为实现极致的"高效课堂"或"教师专业发展"，牺牲了多少真正的教育，多少属于教师的人生乐趣？

古人常言"读万卷书，行万里路"，目的是充实人生、丰盈人生。每个人的立场不同、视野不同，审美倾向和趣味亦不同，同一件物体能看出不同的形状。现在，我面前有三幅图：一幅是挂在墙上的盆子；一幅是在客厅里挖出池塘；一幅是在水中央种一棵树。"好教师"这一命题与这三幅图有什么关系？盆子是装东西的，一般放在桌子上，现在盆子不装东西了，挂到了墙上，从实用物变成装饰品；即便是人工开凿的池塘也不会在室内选址，这次却出现在客厅里；树本应生长在田野里，但我们却人为地让它生活在水中——创新，求异思维、反向思维。教师工作时为何不能运用这样的思维呢？我们应该提倡教师发展专业之外的素养，即"工夫在诗外"。在加快本专业发展的同时，教师还要加快"非专业"的发展，即"十八般武艺"，即"绝活"，这些或许是丰盈之人的核心素养。一个丰盈的老师才能让学生也丰盈起来。那才是真正的生命的滋润。上述关于教师"多面手""十八般武艺"的思考，是一己陋见，是个性化表达，挂一漏万在所难免，仅仅是抛砖引玉而已。

如何做一个通透的老师

胡适是一位众所周知的大学问家。我读胡适的文章常发感慨,这样的文章放到现在如何能作为论文通过职称评定?浅显,都是常识。常识就是大家都知道的,为何还要你来阐述?胡适的文章现在怎么能在主流教育媒体上发表?至多自己开一个公众号自娱自乐。我这么想其实是浅薄且自以为是的,静下心来想想,胡适确实是了不得的大家,不是我等可企及的。

创造常识的人才是最了不起的人。人为什么要读书?胡适给了三点理由:一、书籍是过去已知的智识学问和经验的记录,而读书便是接受这人类的遗产;二、为读书而读书,读了书便可读更多的书;三、读书可帮助解决困难,应付环境,获得思想材料的来源。这三点几乎囊括了功利性读书与非功利性读书的种种目的。这浅显的表达揭示了完整的答案,难能可贵。胡适此话说于1930年,至今已有90余年了,仍然没有过时,并且成为常识。

有天真梦想的人是最纯粹的人。胡适有时很天真，天真得不可想象，天真得有趣，那是历经艰险之后的返璞归真。1932年，在答《东方杂志》记者问时，他曾"梦想一个理想的牢狱"，那里平时不许他见客，不许他见亲属，只有星期日可以。"可是我可以读书，可以向外面各图书馆借书进来看，可以把我自己的藏书搬一部分进来用。我可以有纸墨笔砚，每天可以做八小时的读书著述工作。"原来他是要静下心来安心读书写作，这何尝不是一个真正的读书人的理想？不受世俗烦扰，不被世俗污染，做一个沉静澄澈的人。

成为一个人，就要成为一个思想者。胡适曾说："……能保存一颗虚而能受的心，那是一切知识思想进步的源头。思想切不可变成宗教。变成了宗教，就不会虚而能受了，就不思想了。"胡适强调宁愿保持自己无力的思想，也不能换取"任何有力而不思想的宗教"。不说今日社会上的其他人，单说老师，是否把他人的思想变成了宗教而缺乏自己的思想？思想即便微小，也该只属于自己。

在《治学方法》一文中，胡适更是直截了当地说："不要轻于相信，要怀疑，要怀疑书，要怀疑人，要怀疑自己，不要轻于相信人家。"有了怀疑才会突破，才有新的创造。胡适认为"先小人而后君子"是有道理的，我先怀疑你，先做小人，做出准确的判断之后再做君子也来得及。胡适甚是佩服"三个不相信出个大圣人"这句话，他说，不要相信蔡元培，也不要相信胡适之，"无论有怎样大的名望的人，也许有错"。此乃至理名言，我们今天做得到吗？他还说："所谓'打破个砂锅问到底'，都是告诉我们要怀疑，不要太迷信了自己的手眼，要相信比我们手眼精确到一百万倍一千万倍的显微镜望远镜。"在另一场演讲上，胡适说得更明白："人类最大的谬误，就是以为社会和政治问题简单得很，所以根本不需要科学方法的严格训练，而只要根据实际经验就可以判断，就可以解决。"他指的不是某国、某民族或某时代，而是人类整体。我们如何医治这种人类通病？是不是可以从人人做起？

一个通透的人，是有天真梦想的人。这种天真的梦想引领人们思考人类社会的普遍问题，从而创造"常识"。这样的人是了不起的，老师尤其要做这样的人。有思想，是做人最宝贵的品质。所谓通透，即襟怀坦白，不虚伪，不做作，不庸俗；通透之人，即爱读书而虚怀若谷的人。

如何进行师德建设？

我们做老师的，经常会遇到学生作弊，应该怎么处理呢？基本操作是考试成绩作零分处理，情节严重者会给予处分，如口头警告、警告、记过甚至留校察看等。再辅之以通报家长、请家长来学校谈话等，杀鸡儆猴。学生考试作弊是关系到道德品质的大事，一旦发现便取消该生评优评先的资格。了解学校校风就要看考场表现，有些学校设立无监考考场，学生自觉，老师省力，风气纯正，这样的学校往往会成为文明学校，成为文明学校之典型。

这是通常的思路。学生作弊是其思想品质有问题，出现这种现象是学校抓得不紧，纪律不严明。一找原因，要么是在学生身上，要么是在管理环节。解决问题往往也是从这两方面入手。有异议吗？有不同思路吗？

人们对学生作弊深恶痛绝，那么老师会不会作弊呢？深圳某老师著作等身，却被举报抄袭，整篇整篇地抄袭，竟还公开出版了。该地的语文教研员也被举报抄袭他人作品公开发表。此二人的名誉地位主要就是得益于抄袭来的著作。这种事怎么处理？取消与此相关的一切荣誉，给予纪律处分，这种事情就能杜绝了？

这是通常的思路。痛斥老师丧失师德是没错的。群起而攻之，义愤填膺，也都能理解。引以为戒，亡羊补牢，加强师德师风建设，兼以更严厉的处罚措施，更是必要之举。

叶圣陶写过一篇文章《"学习"不只是"记诵"》，以学生考试作弊为由头探讨教育。他认为学生作弊是因为教育有问题。学生抄好答案带入考场便能应对考试，可见考的都是识记性知识，表明学校教育也只是停留在识记的层面，只知道死记硬背。这篇文章深刻地揭示了问题的实质。

对此我感触颇多，学习出了问题，原因或许并不都在学生自身，其根因在于学校的教育方法。叶圣陶的思维方式值得我们借鉴，从现象到本质，不为表象所惑。八十年前学校存在的主要问题是"学习"只等同"记诵"，到八十年后的今天，这个问题得到彻底解决了吗？没有，否则现今也不会出现学生作弊的现象。若平时教的是能力，考的也是能力，到哪里去抄现成答案？叶圣陶理解的教育是什么样子？不是封闭，是联系。各学科不再分割，是相互联系的一个整体；学科学习与生活实际相联系，学以致用。这个问题至今尚未解决。叶圣陶也是一个领导，但他对学校的了解如基层老师那般熟稔，因而他的建议切合实际,有说服力。像他这样真正具备领导力的教育者越多越好,可现实又如何呢?

再回到教师抄袭这个问题。教书育人者,若自己不能成为完全的"人",又如何育人呢?提倡阅读的人,提倡学生读自己编写的书,而自己的书又是整本抄来的,真是天大的笑话。按照叶圣陶的思维模式,我们应该多角度思考:教师抄袭的背后隐藏着哪些问题?教师制度存在什么问题?为何教师要铤而走险?为何抄袭的教师数量不少?

我曾经遇到过一件事,大约在十五年前,作为青年教师管理的"硬措施",学校曾要求青年教师每年要提交论文。学校青年教师多,三十岁左右的教师几乎占了四成。对青年教师提交的论文要组织评奖,评奖结果出来后,我和教科室一起上网查对,结果发现有二十余人或多或少存在抄袭现象。我找他们一一谈话,二十几个人在校长室门口排起长队,准备接受批评(或称为挨骂)。我直觉中小学教师的成才制度有问题,依靠论文一步步逐级评选教坛新秀、学科带头人、正高级教师、名教师、特级教师,实则弊大于利。中小学教师多是一心扑在教育教学上、扑在学生身上,没有多少时间与精力去写论文。论文写得多、写得好的往往与实际的教学效果相去甚远,只有少数人能做到知行合一。由于论文写得好,有些人得到了许多机会,可实际教学水平却一般。为何校长要把这些人推荐出去?

为了学校的声誉。学校声誉往往以教坛新秀、学科带头人、正高级教师、名教师和特级教师的数量为支撑。缺少论文的好老师评不上，自然不能让有论文的老师也失去资格，只能忍痛报送。有时引进所谓的"名师"也是如此，"中看不中用"，只是为了摆放在"橱窗"里供人观赏，实际上课水平却不敢恭维。这不可悲吗？

中小学的主要任务是教育教学，科研是次要的。理论水平高、实践能力强、经验丰富又善表达的老师在中小学毕竟是少数，将科研水平作为教师评级的主要依据，自然会带来不良风气。为了强装门面，许多学校请所谓的"专家"来指导，然而其真实的科研水平仍是低层次、浅表化的，这种现状不可忽视。假如论文不重要，出书不重要，还会有这么多教师趋之若鹜，去抄袭作弊吗？

提倡"像叶圣陶那样做老师"并不只是赶时髦、装门面，而是要学习叶圣陶的真功夫，学习他透过现象看本质的能力。他是怎样做老师的？遇事多问为什么。正如他所言："学生作弊当然是学生不好。但问题并不这么简单。"我们也可以说：教师抄袭、作弊当然是教师不好，但问题并不这么简单。叶圣陶曾说过"我国真正的学者都看不起记诵之学"，在此基础上我要补充一句：有思想之人都看不起不会教书、只因写书而发展成功的老师——需要真正改变教师制度的时候到了。

摆正姿态，与师生同步发展

每一位老师都是校长，每一位校长都是老师。这两句话是相辅相成的，唯有相互了解，换位思考，才能事半功倍。

每一位老师都是校长

我很少在教师大会上作报告，每次会议都开成经验交流会、主题报告或沙龙等，都由教师来主讲。来自教师的声音更有针对性、感召力，比校长直接阐述要好得多。老师发言也不会泛泛而谈，而是讲案例，讲得感人肺腑。

当然，我也不是什么报告都不作，年终教职工代表大会上的述职报告和高三的毕业典礼演讲，我都会精心准备，年年如此。为了讲好它，我会花半个月、一个月，甚至更长的时间做准备，有时连做梦都在写稿子。

来学校参观考察的人总是问我如何让老师们认同自己的教育理念，我说："恰恰相反，学校的许多教育理念本就源自教师的教育教学改革实践。"比如，我校在传达校园文化精神时创用的"真水无香"这一理念，就来自语文教师的课堂实践。

年轻教师写教育随笔也是我校的传统。有一年，庄老师的随笔写了"真水无香"的课堂，她直言"这是我们学校语文教学一直追求的境界"。这篇文章说得很有道理，那一年我一直在思考这个问题。第二年，庄老师写的还是"真水无香"，另外几位年轻教师也这样写。我突然醒悟，"真水无香"原来就是我校百年教育的文化精髓。于是，我就竭力提倡这种精神。

让每一位教师都成为校长，校长首先要转变角色。校长不应高高在上，因此我不是很赞成"校长领导力"这个词，不要把校长的作用推到极端或极致。

校长领导学校，是在与教师的共同发展中实现的。校长不可能样样超越教师，校长与教师更多的应是同伴和互助的关系，最重要的职责是把教师的心凝聚在一起，激发教师的创造性与主动性。如何让全体成员时时不忘教育的本质，对准学校的发展目标，携手共进，这才是校长领导一所学校的第一要义。

过去我们常说"火车跑得快，全靠车头带"，如今这句话在一定程度上已经过时了。高铁时速三百多公里，仅仅靠车头带动吗？不是，动车依赖的是车厢的动力装置。这个原理也适用于学校管理。我们提倡每位老师都是"校长"，本意也正在于此，要给教师空间、动力，唯有这样，学校才能风驰电掣地前行。

每一位校长都是老师

每个校长都是老师，是说校长要放下身段，放低重心。校长对学校的影响，与行政机关首脑的作用是不一样的，我很不赞成动辄就说"校长要引领老师"。

多年前，我曾在学校里提倡"推门听课"，要求校领导、中层干部、教研组长等随时"推门听课"。在一次教师大会上，一位老师发言说："能不能把'推门听课'改成'开门听课'？"这是教师境界的体现。因此，校长切不可自认高人一等，闭眼提出一套理念，也不顾与本校的历史文化契合与否，就让老师们"认同"。校长在学校要放下身段，走进教师群体，与教师融为一体，因为教师中蕴藏着无穷的智慧。

校长要把教师的发展放在首位。校长要与教师同步发展，脱离了教师的发展没有任何意义。我曾留意自然界的现象，树下鲜少草木，大树却独占阳光雨露。校长过度发展自我将不利于学校和师生的发展，尤其是对教师不利。我校鼓励教师著书立说，近年来仅语文学科就有十多位老师写书，或当主编带着课题编书，在出版社正式出版。

校长工作不能摆花架子。校长是教师，要把主要精力投放在学校的教育教学上。当了校长就脱离课堂、脱离教学、脱离学生，仅强调"管理"，那是虚浮的表现。校长既要成为管理的行家，也要成为学科专家，要在课程开发与整合、新型课堂的建设等关键领域沉潜，像老师一样去面对、研究与解决实际问题，这样"引领"教师发展才能得心应手，游刃有余，才能带领学校团队在书山稗海中涵泳。

每位校长都是老师，并非要求校长完全像教师一样工作，只是强调校长心中要有教师，能常常站在教师的立场上思考问题；是强调校长心中要有学生，像老师一样心里装着学生；是强调校长要能正确地认识自己，降低重心，使学校的一切管理符合师生的发展。

中小学科研的严重误区

中小学不是大学，最主要的任务是基础教育教学，不是科研。中小学教师要有科研意识没错，但科研并非工作重心。我认为多年来中小学的教育科研存在严重误区，因而产生了许多副作用。

各级教育行政部门，将教师的论文作为评定职称、荣誉称号的主要依据之一，使得一些教师对做科研趋之若鹜，正常与非正常的竞争手段日益严重，背离了中小学以日常的、实际的教育教学为主的工作轨道。

中小学教师的工作内容与大学教师或教育研究相关人员的工作，是有区别的。不能把老师引入纸上谈兵的误区，教师要多积累教育教学案例，研究案例，而不是整天想着建构"理论体系"。改革教育模式，如教学模式、课堂模式、学科模式等，不是看谁口号提得新、叫得响，而是要脚踏实地地上好每堂课、组织好每个活动、做好与学生的每一次交谈。让学生过好学校生活的每一天，让学生每天都能进步一点，让学生打开新的视野,享受阳光也享受月光,这才是老师的本分。这些目标看起来并不宏伟,可做起来也不容易,不花大力气是实现不了的,比写一两篇论文难多了。

教育科研部门也要把工作重心放在推广科研成果上,而不是停留在论文写作指导与评估上。种田也是要注重科学性的,但谁会要求农民给出论文成果呢?许多地方的科研部门只把工作重心放在论文评审上,热衷做专家,同这些人搞好关系,对实际课堂、教育品质的提升几乎毫无用处。

现今,中小学也普遍建立了教科室,把全体教师当成教研人员来管理,不仅是工作重心摆错了位置,更是工作方向的失误。国家评了几届教学成果奖,学校的科研部门应该将精力用于推广科研成果上,加以运用,而不是各行其是,做一些高消耗、低收效的无用功。

工厂的研发部门与生产部门是严格区分的,新产品研发成功后,拿到车间生产,各司其职。学校虽不等同于工厂,但有些规律是相通的。教师也不等同于工人,教师更需要科研意识,用科学的态度与方法,推广并运用最新的教育科研成果。我们缺少的不是教育科研成果,而是对成果的推广。考评中小学科研工作应该侧重于实际效果,论文多寡是次要的。中小学科研的误区存在多年,如今仍在不断鼓动教师向里冲,这个问题必须得到正视。

在身份边界上做校长

回顾走过的路,我似乎总能找到自己行走的轨迹。以传统的眼光看,我做校长、当老师似乎都不够"一心一意"。

春天,校园的亭台楼阁间,春风荡漾,百花盛开,如同苏州园林一般。一天中午,刚接待完外省的校长参观访问团,我回到办公室,坐在椅子上陷入了沉思。客人离去前诚挚地说:"柳校长,你们的学校真漂亮,就像一座苏州园林。"边上另一位客人立马更正道:"不只是像,简直就是一座苏州园林。"

评价一所学校"像园林"或"是园林",这是褒还是贬?有人曾指出,我做校长时常不按常规出牌,这是对还是错?思及此,我随手写了一首小诗《我站在边界上》,赋其句于下:

一边是海,一边是山
一边是春天,一边是秋天

我站在边界上

春天的花开在边界上
一边是红,一边是黄
一边是苦难,一边是幸福
我站在边界上

飞过山的鸟
一半是燕子,一半是雄鹰
在它飞过的那个山脊上
一声雷炸响

一棵树也正长在边界上
一边是北方,一边是南方
我走到那里
寻找的却是西方与东方

瞬间的思考和瞬间涌现的诗句,似乎概括出我的特点:在边界上思考,在边界上做校长;在边界上放开眼界,也在边界上收获。

改造校园时，我把校园当园林

2002年，我担任苏州十中校长，正值我国高中教育大发展的时期。全国各地的高中学校几乎都遇到了罕见的发展机遇，特别是经济发达地区，投资校园建设成为热潮，或移址新建，或就地重建，几百亩土地、几个亿的资金投入司空见惯，甚至江南的一般乡镇都能做到。苏州也是如此，这给我们这样的古城区学校带来了巨大压力。

苏州十中是一所百年老校，前身是苏州振华女校，处在小巷深处，与小桥流水相伴。女校旧址是清朝苏州织造署，虽占地不大，仅七十亩，但历史人文积淀丰厚，康熙和乾隆下江南时曾多次到访，曹雪芹儿时便居住于此。成为学校之后，民国的许多文化名人、教育名人，如蔡元培、章太炎、于右任、陶行知、叶圣陶、竺可桢等都先后来讲学或做教员，培养出许多极为优秀的学生，包括费孝通、杨绛、何泽慧、陆璀、李政道等。名园、名人、名校是它最大的特点。但那是过去，现在怎么办？学校是市直属，直属单位学校多，经费有限，要大投入是不可能的。我们只能改造，"修旧如旧"。

当时距离建校百年还有五年，给我们留足了改造的时间。我们请设计院提供学校环境改造方案，请来一支曾参与修建苏州园林、改造古典建筑的队伍，历经五年的工程实施，以园林的标准来要求校园，注重每一个细节，精雕细刻，才有了如今的校园风貌。

校园的改造用了整整五年时间。有人纳闷了，这是在改造校园还是在修复园林？在改造过程中，不砍一棵树，不拆一间房，明清建筑、民国建筑、20世纪五六十年代的建筑都没有拆。我是这个学校的毕业生，20世纪七十年代我们读书时的自行车库、厕所都保留了。这些都是历史的记忆，储存了几代读书人的理想与情感。又有人纳闷了，这是在改造校园还是在建造教育博物馆？2006年10月，适逢百年校庆，苏州十中重新出现在人们面前，散发着吴文化的古典气息，令众人喜出望外。

欣喜什么呢？这个园子以苏州织造署旧址为底色、以苏州园林为底色，将教育与文化相融合，把百年学校的历史与文化，融入校园的一草一木、一砖一石之中。一个校园就是一部历史，记载着许许多多动人的故事。很快，它被人们称为"最中国的学校"，被誉为校园文化建设的典范，回归优秀文化传统的典型，每年都有数千名校长、教师前来考察学习。

为什么能得此美誉？因为它体现了中华文化的本质特点，体现了社会主义的核心价值观，体现了文化自觉——在苏州十中的校园里，现实与历史、教育与文化水乳交融，难分彼此，洋溢着爱、感恩、美、本真等气息。百年前，先辈们在名园中办学，以典雅名园孕育名校；百年后，名校怀着一颗感恩之心回报名园。

站在课堂上，我把自己当作家

多年来，我对教坛流行的"有效教学""教师专业发展"等学说颇有微词。"有效教学""教师的专业发展"的提出者、倡导者的初衷并没有错，但在具体实施的过程中，往往被某些人当作教育功利化的手段。对概念的异化可能是当下学校较为普遍的一种现象。

所谓课堂的有效，即与考试（主要是与高考）相联系，只关注相关度高的那些课堂是否有效。课堂目标以学业和分数为导向，教学的过程精致化，如同科技产品般经过精密的预设。课堂如工业化生产，教学退化为工艺。与此对应的教师专业化，也被限定于在这样的学校环境和课堂环境中，去追求最大化的发展。

在认真观察、分析、研究当下的课堂之后，我认为当下存在四类课堂，一类是原始课堂，一类是功利课堂，一类是道德课堂，一类是审美课堂。而重点高中的主流课堂是功利课堂。最优秀的教师群体会在日常教学中呈现出对道德课堂与审美课堂的追求。但对许多人来说，道德课堂与审美课堂往往只存在于偶然的公开课、评比课中。这样的现实，会令教师的专业发展走入误区，教师的功利性发展或许会成为一种主流趋势。为此，我在学校提出并反复强调"教师的生命成长"的理念，把教师的发展置于整个人生的背景之中去定位、去谋划，要求大家能"超越专业"地发展。我所理解的好老师，除了国家的共性要求之外，还要"有原创性""有情怀""有担当"。这是培养创新人才的前提，一个自身没有创造性的教师，能培养出有创造力的学生吗？

一个具备创造性的教师，首先是一个能坚守内心的人。对内心的坚守必须体现在课堂上，教师内心应有自己的好课标准，不能人云亦云，不能被专家左右。我提出"每个教师都要有自己的好课标准"，提倡教师发展个性，包括课堂的个性。有个性之人，才更富有创造、创新的潜能。我们学校有"花石纲"遗物"瑞云峰"，它是国宝，具备太湖石"皱、漏、瘦、透"的特征。我把这种审美特征移用到课堂上，将"皱、漏、瘦、透"作为课堂原则，回到传统美学的起点去探讨，就能呈现出与众不同的课堂之美。

在这样的认知背景下，站在课堂上，我既是语文老师，又似乎不像语文老师。语文课上需要识记，但更需要培养学生的感悟能力与审美能力。阅读与写作是语文教学的两件事，也是同一件事，即在阅读中写作，在写作中阅读。我和学生一起写作文，学生写一篇，我也写一篇，有时甚至写两三篇。老师写作文是一种体验，然而当下的中学语文界常有一怪现象——

语文老师不会写作文。一个不会写作文的人，整天却在教别人写作文，不是怪事吗？难怪培养出来的学生写文章都是一种模式、一个腔调，缺少灵性。我教学生写作文，自己也写作文，时常发表，由此带动了学校师生的创作热情。

一个作家与一个语文老师相比，最可贵之处在于他的灵性，在于他的直觉思维与形象思维，这也是语文课堂上最匮乏和最不可或缺的能力。

管理学校的时候，我把老师当校长

每个校长都应该是独特的，都应该有自己的办学主张与管理方式。校长在学校中应该扮演什么样的角色？教育理念不同、管理理念不同，角色自然也就不同。

有一次，我参加全国的教育研讨会，谈学校管理。一所名校的发言人说，他们之所以能取得这样出色的办学成绩，关键在于"火车跑得快，全靠车头带"。接下来轮到我发言了，我的观点恰巧与之相左："今天，我们已经颠覆了'火车跑得快，全靠车头带'的理念。"遂而引起了大家的兴趣，一时争论不休。其实，坚持车头的作用也好，颠覆它的作用也好，都无所谓。如何秉持个体信念去落实行动才是关键，所谓"条条道路通罗马"。

我坚持要颠覆"火车跑得快，全靠车头带"这一观点，有我自己的理由。我所在的学校，要给每个人自主发展的空间。如今的列车已经不再依靠车头带动前进了，高铁是要依靠每节车厢的动力才能风驰电掣的。所以我一改以往教师大会校长作报告的做法，不轻易召开教师大会，每学期一般不超过三次，即开学、期中与期末各一次，每次都改成教育教学主题会、研讨会或经验交流会，都由教师来讲，我们约定好不讲"道理"，只讲案例。被推荐上台交流的老师都会珍惜机会认真准备，先写提纲，再写发言稿，最后制成课件。老师们发言前会试讲、对讲，还会邀请校领导来听，针对大家提出的意见进行修改。老师们准备发言的过程，就是自我学习、自我提升、自我完善的过程，原本零碎的做法与经验，也由此上升到理论的高度，他们的发言稿随后几乎都能发表。这么做的目的是让教师转换角色，从被管理到主动地走上台做主人，久而久之就变成了学校的一种风尚。风尚即文化，学校的文化是一种气息，蕴含着核心价值观，对师生起到价值引领的作用。

校长，本质上是一名教师。但校长的独特岗位，与普通老师还是有区别的。校长的影响主要是从思想出发，以理念来引领学校的发展。我常说，不要在乎校长每天在学校里做了什么，而要关注他在学校里营造出什么样的氛围，这种氛围是否有利于全体成员加快实现学校的愿景？

我一年只做两个正儿八经的教育工作报告，一个是在高三的毕业典礼上做演讲，涵盖教育、社会、人生、生活、个体事业与责任等话题，也由此生成了一些教育主张、教育信念和教育理想，比如我们要回归传统的"质朴大气、真水无香、倾听天籁"的学校文化精神，回归教育本质的"本真、唯美、超然"的诗性教育内涵等。另一个就是校长的年终述职报告。我对教职员工必须诚实地、本真地、实事求是地报告一年的工作，不是流水账，不是具体事情的罗列与拼凑，而是工作的系统梳理、教育的理性反思，是在终点线上酝酿新的起跑。因而我都会认真准备，有时要提前准备许多天。

学校经常接待前来参观考察的教育者，来宾对校园里的一草一木都很感兴趣，但更令他们感兴趣的通常还是这里的文化。来者常问我一个问题："柳校长，你是怎么让学校老师认同自己的理念的？"我答道："我们学校的理念，从来不是校长闭门造车想出来的，而是来自历史与实践，来自老师们日常的教育教学实际。"比如，针对我校的"推门听课"的制度，一位老师与会时曾建议把"推门听课"改成"开门听课"。一字之差，境界完全不一样了，教师从被动的接受，到主动的迎接。所谓"每个老师都是校长"本意就在于此，让教师主动地、自觉地、创造性地工作。

我从教已经几十年，做了十二年的语文老师（其中五年是在农村任教），在苏州市教育局工作十一年，先后担任政策法规处处长、办公室主任,之后十五年担任校长,再后来就在教育集团任职。这些经历对我而言都是至关重要的,尤其是机关工作,使我学会了宏观思考。宏观思考就好比"坐飞机思考",坐在飞机上俯视大地,大山大河一目了然,那是在陆地行走时很难看清的。我在边界上行走,是否如同在山脊上行走?我希望这样的行走,就是我做校长、当老师的姿态。

校长领导力可以复制吗?

"校长是一校之魂",这一老生常谈的说法如今似乎已经变成共识。认真想想这种说法未必有道理,因而有人又提出"学校之魂是其文化精神"的说法,认为学校拥有的价值观才是真正左右学校的力量。对此说法我更不敢苟同,此校长提倡此价值观,彼校长提倡彼价值观,校长一换,则价值观也随之转变,学校的文化精神因此变异,学校的状态就不一样。如此看来,学校发展的关键在校长。

一家媒体正准备举办一个活动,聚焦学校文学氛围的打造和学生文学素养的提升,给我出的题目是"可复制的校长领导力",意思是说校长要做实事、办正事,要发挥"领导力"营造文学氛围并提升学生的文学素养。学校的文化氛围应该包含文学氛围,一个没有文学氛围的文化氛围是不可思议的,可这种情形在有些学校却并不少见。文学氛围与师生的文学素养有直接关系,缺少文学氛围的校园很难提升师生的文学素养——

此处我强调的是"师生",因为对一个学校而言,教师的文学素养亦十分重要。作为教师,尽管不是学文学的,也不用教文学,但文学素养却应该是必备的。氛围就是气息,就是人浸润其中生存、发展的气息。教师缺少文学素养,很难相信学生的文学素养会有多高。校长在学校有很大的影响力,或积极,或消极。校长是不是文学教师对于营造学校文学氛围来说无关紧要,关键在于他对此的认识,他的教育理念、教育信仰和教育主张。在这种背景下,此项活动显得尤为必要,我很乐意参与讨论。

活动的主办者希望有一所学校、一个校长,从思想理念到经验做法都已经形成"模型",可以推广开来,让大家"抄作业",此用意很好。在"点"上形成的经验,到"面"上去普及,多快好省,值得肯定。建立这样的模型,校长如何起作用?凭借什么起作用?校长手中掌握着强大的行政权力,可以通过行政命令、措施、手段来推行。可"氛围""气息""素养""素质"这样的东西,靠权力去强推、硬推,结果一定不会尽如人意。学校缺少文化氛围,学生文学素养不够,是校长所愿吗?可以说,所有校长都不希望看到这样的局面。然而,推行中若出现问题,深究下去还是校长的责任,是校长使用行政手段带来的后果。

什么叫领导力?在校长的管辖范围内,利用可自行调配的条件或资源,带动团队多快好省地实现工作目标的能力。什么是校长的领导力?即校长在学校范围内的"影响力"。仅仅依靠强制性的制度管理来发挥"领导力",其"影响力"会越来越弱,会受到越来越多的挑战。权力性影响力在学校等教育场所的作用极其有限,持续长久的影响力应该是非权力的那一部分。有人认为非权力性影响力主要包括"互惠、一致、认同、喜好、专家、短缺",我甚为认同。要营造学校的文学氛围,至少校长也要有一定的文学喜好,一点喜好都没有,处处被动、时时被动,又怎么能发挥影响力呢?所谓"喜好原理"指的是,人们总是比较愿意答应自己认识且喜爱的人提出的要求。

校长领导力是一个学术问题,也是一个实际问题,涉及的领域和要素很多。我认为它主要体现在课程领导力与学科影响力两方面。所谓"课程领导力",我的理解很简单,即带领教师团队落实国家课程与开发校本特色课程的能力。所谓"学科影响力",是指校长在本专业的学科教学上有一定的特长和优势。现在,有些中小学校长竭尽全力行使行政权力,缺乏领导力,如何能令学校实现真正意义上的发展呢?

如今,建立领导力成为中小学校长必须面对的课题,那么应该如何建立呢?需要榜样,需要学习,建立模型是一个途径。但不可绝对化,校长领导力是校长自身流露出的气质,只有自身加强修养，注重修炼，方能焕发出魅力。校长自身的气质，是共性中的鲜明个性。非权力性影响力中的"短缺原理"指出，当某种事物变得稀缺时，人们会认为它的价值很高。当校长们越来越缺乏人文情怀（包括文学素养）时，后者的价值就会变得越来越高。校长领导力能复制吗？或许能，或许不能，取决于看问题的角度。在我看来，领导力是怎样做人的艺术，而不是怎样做事的艺术。最后决定领导力高下的，是个人的品质和个性。

在细节中见证教育境界

什么是教育的境界？教育的高境界呈现在日常生活中往往是不经意的，没有经过刻意的雕琢，就在被人忽视的细节中自然流露。

有一个案例很能说明问题，某一年12月31日下午，我们学校高三举行迎新表彰活动——我校的经典活动之一。天已经很晚了，振华堂外已是漆黑一片，而会场里气氛正浓。还有几个班级尚未登台表演，主持人便宣布将班主任上台接受学生献礼的活动环节推迟到元旦以后，由各班自己安排。这怎么行呢？每个班级都精心准备，都期待给班主任一个惊喜，无论多晚都应该在当天进行。同学们的愿望在我的支持下最终实现，台上台下此起彼伏的"老师，我们爱你""同学们，我也爱你们"，似浪潮翻滚，一浪高过一浪。老师们眼里噙满泪水，徜徉于幸福与欣喜之中，几乎忘却了三年来所有的辛苦、烦恼和委屈。但在此之前，由于节目取消的风声早已传出，且通知到了各班，有两个班主任便离开了现场。在这样的活动上，两个班主任竟然丢下学生自己走了？我听到这个消息时，心猛地一沉，但节目还必须如期举行。

　　始料未及的是，那两位班主任的缺席反而造就了接下来令人难忘的一幕。那是二班和四班，班主任分别是陈老师和冯老师。陈老师不在，急坏了二班班长朱同学。他是个男生，憨厚又机灵，几番找我问"班主任不在怎么办"。他与班上的同学商量半天没有结果，急得像热锅上的蚂蚁。四班班长钱同学是位女生，沉着而大方，在班主任依次上台的时候，她也不动声色地走上台，站到四班班主任的位置上，俨然如一位老师。轮到班主任向台下同学致辞时，她毅然站出来，拨通手机，按下免提键，拨通冯老师的电话后把手机放到话筒边。冯老师的声音在会场响起，钱班长让他对四班的同学发表感言，又让他在电话的那头唱歌，一段又一段歌声在会场飘扬，会场沸腾了。这下急坏了二班的朱班长，他又找到我，表示既不能亏欠陈老师又不想冷落自己班的同学，因此他也要代替老师上台。台上的朱班长不停转换角色，一会儿代表班主任致辞，一会儿代表二班同学献礼，一声声"感恩"同样赢得了一阵阵掌声，二班的喝彩响彻全场。这两位同学的表现是那样出色，我沉下去的心瞬间又浮了起来。

　　如何看待这件事情和那两位老师的表现？元旦假期结束

后，师生返校。我听闻中途退场的两个班主任都很有压力，陈老师在办公室哭了，冯老师也是一脸尴尬，俩人忐忑不安。及至下午，忙完一天的常规工作后，我把他们请到校长办公室。一席谈话，我又激动起来。原来，他俩都等到很晚，得知将取消班主任上台这一环节后才离开。匆忙离去也是有缘由的，陈老师的公公当天突发脑溢血，重度昏迷，被送往医院抢救。爱人先赶去了，她为了迎新表彰活动留下了，原想等活动全部结束再赶去，谁知活动一再延迟。陈老师及其爱人都是独生子女，从未遇到过这样的"大事"，既放不下这头又要牵挂那头。最终，在同学们的劝说下，她才匆匆离场赶去。而冯老师那天要参加妻妹的婚宴，有孕在身的妻子等他一同前往，下午六七点钟便不停地打电话催促，催得他不得不离场而去。钱班长拨通他的电话时，他说自己异常愧疚也异常激动，听着电话里传来会场上的欢呼声，几乎要流眼泪了。当钱班长请他在电话那一头为大家唱歌时，他毫不犹豫地答应了，一个人在婚宴现场的角落里大声唱，引来许多人驻足围观。他说，那一刻他什么都不在乎了，只想为电话另一头的同学们大声歌唱。

　　了解事件的始末后，原先的遗憾转而变成了感动，也给我带来许多启发。如果只是单一地看待问题，这件事无疑是消极的，在高三学生的最后一次联欢活动上，两位老师竟然提前离场（即便已请假），不能有始有终，怎么说都是一种遗憾。

但我们不妨换个角度，把目光聚焦在学生，尤其是两个班长身上，就会得到不同的感受。他们处理问题的能力多么令人惊讶，面对突发事件表现出的智慧、态度与情感更是令人惊叹。我相信，这些学生今后无论走向哪里，无论处于什么境地，都能把握形势、把握命运。由这些可爱的学生联想到陪伴他们成长的老师，没有老师的默默付出，能有学生的今天吗？陈老师了解学生现场的出色表现后忍不住又落泪，不是在亲人病危时惊恐而流出的眼泪，也不是担心校长责备时委屈而流出的眼泪，是感动的泪水，为学生如此爱老师、爱班级并主动担当而流泪。一回到办公室，她就给二班的全体同学写了一封感人肺腑的致谢信。冯老师同样也是一个内心丰盈的人，当他身处异地，忘乎一切而放声高歌的时候，我相信，他的心早已与学生融为一体了。那一刻，师生的情感无疑升华了。

几天以后，恰巧有一家教育媒体来学校采访，主题是"直抵心灵的教育"，于是我在接受采访时将此事作为案例讲了一遍，不仅感动了记者，也再次感动了老师们。这个案例本身就有触动人心的力量，显示了其自身的教育价值。我设想过几种可能。其一，在那样鼎沸的场合，各班都在尽情享受活动时，若两位班长没有挺身而出，二班和四班将会遭遇怎样的冷落？若两位班长缺乏把控场面的能力与机智，上台后怯怯地站在一隅，二班与四班的学生又将多么尴尬啊？其二，四班的钱班长拨通冯老师的电话后，如若冯老师是一个木然冷漠的人，不愿唱歌或羞于唱歌，活动现场的气氛会变得多么压抑？师生的情谊如何经得起考验？其三，当时我的手里握着话筒，成为实质上的活动主持人，若是我无视活动中的微妙细节，无视二班与四班的诉求，而以程序化、规范化的常规做法，阻止两位班长上台，会给孩子们最美好、最本真的情感带来多大的打击啊？其四，假如我处理问题主观又绝对，不去了解两位老师离场的背后故事，直接加以批评，又如何能收获那些令人动容的率真而朴实的情感？那两位老师若蒙上不白之冤，长期被阴影笼罩，会有利于师生的健康发展吗？

两位老师提前离场，看似一起消极事件，却为我们提供了不可多得的教育契机，也蕴含着发人深省的积极意义。教育不仅是感动、是宽容，还是一种发现，更是一种赋予。能不能发现并赋予，还要看我们有没有感悟能力。教育是伟大的事业，要求教育者有一双与众不同的眼睛，能在寻常事件中感悟不寻常，在单调中看到丰富，在枯燥中看到丰盈，在"非"中看到"是"，在热情中看到浮躁，在无效中看到有效，反之亦然。于今日看到明日，在每一次梦想破灭之后，都能看到一条洒满阳光的道路，就在我们面前。

四

好校长的"新三观":全局观、未来观、全球观

教育理想从除弊做起

　　谈论理想时我总是很恍惚，或者说很惶恐。教师与校长的理想，更是一个严肃命题。有时候我们大谈各自的教育理想，好像谁的理想越宏大，谁的境界就越高、名声就越大似的。什么是理想？教科书上有精准的定义。但对我来说，理想就是睁开眼睛时可见曙光满天，旭日高升。如同阴雨天里期待阳光，冰天雪地里盼望晴天。坐在河边，看小船游弋，波光粼粼。走进森林里，阳光从枝叶的罅隙间倾泻下来，如细雨般洒落全身，鸟鸣婉转，野花自开自落。一路山道蜿蜒，突然峰回路转，脚下群山逶迤，苍苍茫茫，一句诗脱口而出，心情倏忽开朗，就是这般简单。我的理想很平凡，难登大雅之堂。生活郁闷时，一点点小惊喜就能令我感到幸福。我的理想，是平凡中呼唤不平凡，昏昏欲睡中做一个美梦，在不断的给予中有一点索取，在无间的舞步中停一下脚步，我的理想或许不能称为理想，只是我的小小的生命之愿望。而教育的理想又是什么？古今中外的教育家都有精到、深刻、完备、体系化的阐述。孔子的教育理想是什么？是"有教无类""学而不厌，诲人不倦"吗？苏霍姆林斯基的教育理想是什么？是培养全面和谐发展的人吗？陶行知的教育理想是什么？让"生活即教育、社会即学校、教学做合一"成为现实吗？表述不一，实质都是心中熊熊燃烧的教育之火。这个火，有的在黑暗中燃烧，有的在荒野中燃烧，有的在废墟中燃烧，但都是为了教育的光明与洁净。朱永新先生有一本畅销书《我的教育理想》，点燃了许多老师的教育之火。我们熟识已久，他曾是我的领导，在苏州担任主管教育的副市长。在一次公开场合，朱先生谈论了自己的理想，又问到我的教育理想。我说："我没有个人的教育理想，我的理想融入民族的教育理想之中，在教育的微观领域内实现我们民族的教育理想。"

如今想来，这样回答是否有些不妥？只有共性而缺乏个性，那不是理想的回答。理想如春天的花，春天的花就是我们的理想，但不同花的花期、花形、花色都是不一样的，即便是同一种花，也不会一模一样。在我看来，孔子、陶行知和苏霍姆林斯基等教育家的教育理想，都是"好教育"的理想，但他们每个人的阐述又是独特的，有的像玫瑰，有的像月季，有的像桃花，有的像油菜花。虽然都是花，区别也是挺大的。那么，我的教育理想具体是什么呢？我希望我们的校园充满阳光，师生的脸上洋溢出光彩，乐观地面对一切，包括校园里发生的一切。风雨中亦不惧、不颓丧，保持坦然、正直和纯粹，有责任担当又有情怀。我希望我们的课堂像一条河，有思维的急流，有情感的波澜，不做作、不虚夸，每堂课对学生而言都像一只劈波斩浪而充满快乐的小船。学生能够愉悦地表达自我，不断地与世界对话。我们的学校如今只知道要做什么，不清楚不该做什么，以为做得很多很好，结果却适得其反；以为在开发学生的智力，其实是扼杀了学生的创造才能；以为是加快学生的发展，其实是揠苗助长。学校教育本末倒置，学校的荣誉与师生的发展孰轻孰重？可是，去校园里看看，日常生活中发生了多少牺牲师生的根本利益去追求所谓学校荣誉的事情？我的理想，就是杜绝这种事情。学校每天都在发生令人心痛的事情，在宏大的背景下，在高调的声势下，做着似是而非的事情，不感到遗憾吗？学校是神圣、严肃的地方，掺不得半点的弄虚作假。学校最不便随意做实验，我们能为了自己的教育理想在孩子身上做实验吗？对此，人们或许已经司空见惯，但我的教育理想就是杜绝这一切。

不可预测的未来教育

我记得纪伯伦有一首诗，大意是：未来是属于孩子们的，我们无论如何都到不了那个地方，我们能够困住他们的身体，但千万不要折断了他们的翅膀。

这首诗不是讲未来教育的，似乎与教育也没有多大关系。但在某教育论坛上，听闻几位专家畅谈未来教育之后，我还是即席引用了这首诗，作为发言的开头。

很多年前，纪伯伦的这首诗就成了我的教育座右铭。孩子是属于未来的，未来是属于孩子的，那是我们无论如何也到不了的地方。因此，我们要想开，要淡定，不要过度担心，不要一手包办。

不知从何时起，"未来教育"成为各种教育论坛研讨的主题。对未来教育的研究热度远高于当下教育，似乎唯有聚焦于未来，才能显出超前的意识和领先的水准，才能显出各个专家的高水平。

那天，我听一位名校长谈未来教育，从未来教室、未来实验室、未来空间到未来的教学方式、学习方式等，无所不包。他是校长中对课堂素有研究的人，最后说到未来课堂的四要素，我肃然起敬，端坐聆听。他说，未来的课堂有四要素，即教师、学生、课程和方法手段。论坛没有设置互动环节，否则我想请教一下该校长当下的课堂要素有哪些，能否揭示出二者的不同。把当下的课堂放在未来的学校里，便称为未来课堂，叫人有些哭笑不得。

后来，我又听一位高校专家提到未来课堂，他说未来课堂要满足"人本性、生态性、智能性、互动性、混合性与开放性"等要求，真的太会玩"性"了。纪伯伦说，未来是我们无论如何也到不了的地方，我们只能远远地遐想。遐想可以，一本正经地筹划未来蓝图，煞有介事地找理论根据，作为礼物送给今人都可以，只是千万不要送给未来的人。

研究未来是最机智、最智慧的选择，未来是今人到不了的地方，我们给未来指方向、定调性，是最保险、最节约成本的事情。而针对当下所作的研究和判断，是否货真价实很快就能得到验证。

有一个时髦的说法叫作"未来已来"，富有诗意和诗性，诗人这么说可以，理论家也这样说是不是就有点问题了？"已来"若成了既定事实，那不就是当下？高考语文试卷若出现

"未来已来"这句话，那必是作为改错题，让考生改语病的。

未来是什么？未来是远远的一道光，是我们无论如何也到不了的那个地方。我们的先人如何能料到他们的后人今天所遭遇的一切？一百年前的杜威料到今天课堂发生的变化了吗？知道人工智能和信息技术是如何冲击课堂教学的吗？五十年前的人能料到网购、电子支付、快递等新兴事物给人们的生活方式带来多大改变吗？纵观历史，对未来发展趋势的预测如雨后春笋般涌现，有多少是准确的？

"未来已来"不是未来教育的话题，而是现实教育的话题。说明形势变化得很快，我们要适应当下的这种变化，多研究一些实在的现实问题，少空谈。现实是严肃的，需要我们务实。不是不去探讨未来，而是要务实地研究，少一点随意，少一点信口开河。研究未来的时候是否需要考虑历史？自然是需要的。历史、现实与未来紧密相连，在研究当下教育的时候，也应该想到未来那道光，正向着我们射过来，绚丽夺目。但这道光并不是未来本身，而是梦想。

怎样融入国际教育？

我在苏州十中做了十五年校长，它是一所百年老校，是最早的民办学校，是中国最早的女校，也是最早按照欧美教育模式建立的学校，现在被称为"最中国的学校"。学校当年的校长、老师都曾留洋接受过国际教育，许多优秀的学子毕业后都建树颇丰。这所"最中国的学校"，也是"最世界的学校"，作为中国教育融入国际教育的典型，它的文化、课程和管理无不呈现出包容并蓄的特点。

以我的校长经历来看，未来教育应当从优秀的传统中汲取养料，要提高中国教育在国际教育中的贡献率。

什么是我们的底色？我们应该保持什么样的底色？国际化不是放弃自己，而是展示自己，做一个更好的自己。

怎样理解国际教育？不同于"国外教育"，国际教育应该是包含本国优质教育在内的世界主流教育，代表着世界教育的发展方向与趋势。基于此，我们自身需要有鉴别能力，即借鉴与接受的能力。中国的教育国际化，应该在邓小平的"三个面向"，即"教育要面向现代化、面向世界、面向未来"的方针指导下进行。"面向世界"的问题远没有解决，好在已经过了饥不择食、良莠不分的阶段。教育的"面向世界"，是面向优质的海外教育资源，面向代表国际教育水准、未来发展趋势的先进教育资源，审视国内当下的国际教育进程，我们应当如何自我评价？

一、视角与立足点

北京的清晨，路上人车稀少，柔和明亮的阳光洒在大地上，我驾车行驶在高架上，远远地便望见了雍和宫。雍和宫比其周边建筑古老得多、古典得多，在现代化的北京城中显得如此与众不同。

由此我产生联想，中国教育要想面向世界、融入国际教育，在某种程度上就要像雍和宫一样有自己的底色，有自己的个性，有自己的坚守。在北京的城市现代化进程中，雍和宫为何没有消失，为何完存至今？因为它有内涵，有历史底蕴，有存在意义。因此，中国教育要想在世界教育中保有鲜明的个性与价值，首先必须有独特的个性与价值。

中国的国际教育与中国教育融入国际教育，是联系紧密的两个概念、两种话题，在不同的语境中常被混淆。中国的国际教育主要有三种类型：国内的外国人学校，独立投资的国际学校，普通公办学校或民办学校设立的国际部。并以此期待国内的"国外教育"自成体系，实现与海外教育的接轨。而所谓"融入国际教育"，属于教育对外开放的范畴，是整个中国教育的责任与义务。

以雍和宫来打比方，在世界教育的范畴内，中国教育相当于"雍和宫"；在国内教育中，国际教育或国际学校（包括普通学校中的国际部）是"雍和宫"。

二、融入与抉择

处在全面开放的阶段，我们的教育是超前还是滞后了？是过度放开还是故步自封了？教育与经济文化是否保持了同步？这个问题必须想清楚、弄明白。

我们真的了解、接受国外教育吗？我们真的了解、接受国际教育吗？我们是融入其中，还是远远观望或蜻蜓点水式地了解？同样地，世界是真的了解、接受中国教育，进入中国教育的内部，还是远远观望或蜻蜓点水式地了解，买椟还珠式地接受？

雍和宫的价值，绝不仅仅在于建筑的外形，更在于它的内涵、历史和文化积淀，它的美不是随意一眼就能领悟到的，走进去会有完全不同的感受，不一样的所得。

今天国内的国际学校或国际部有这样的内涵吗？能够吸引人们走进去吗？

教育的国际融合应该是双向的，是相互影响的。十年前我随教育部组织的代表团去美国康州考察，接待我们的美国校长说，今天的美国中小学逐渐中国化。说明中国的基础教育在整个世界的基础教育中，如雍和宫一般是有价值的。我们自己意识到了吗？恐怕并没有，妄自菲薄与盲目自大依旧并存。

三、不可忽视的几个问题

我们思考过中国教育的国际贡献这个问题吗？了解过全球视域下的中国教育的坚守与变革正进行到何种程度吗？如今蓬勃生长的国际教育，真的能为本土教育的坚守与变革提供动力、提供借鉴吗？如果可以的话，我们能梳理出多少经验，应该如何梳理？

我们常说中国的基础教育缺乏个性，不够"因材施教"。可"因材施教"是中国的还是外国的？中国文化和中国精神，从文化自觉的视角来看，我们坚守得如何？清华附中曾提出"中国根基、全球视野、清华特色、国际品质"，此方针应当成为共识。站在世界的角度看中国教育，需要整体思维，需要实事求是，即使我们的基础教育还不是世界上最先进、最发达的，却仍有独特之处，许多国家提倡"向中国学习"也是不争的事实。

　　国际教育良莠不齐，有优质的国际教育与非优质的国际教育之区别，我们对此能做出准确区分吗？有共同认可的可操作的标准吗？国际教育的发展态势迅猛，问题也越来越突出，比如双语学习，课程体系中外融合，中外教师资源融合，等等，都需要政策支撑和智慧的处理。发展国际教育的本意和宗旨是什么？无非是希望我们的教育能够尽快与世界先进水平接轨，让学生在各自的家乡就能接受世界上先进的优质教育，让我们的学校尽可能地成为中国的世界级学校。

　　在国际化的过程中改变中国教育，诸如过分依赖分数、以知识为中心、以教师为中心等都是需要改变的。教育的国际融合，是在更大的程度上、更广的范畴内，加快促进中国教育的学习内容、学习方式、学习资源、教学模式、管理方式、评价体系和教师角色的迭代更新，形成更加开放化、多样化、智能化和人性化的新的办学格局。同样不可否认的是，在国际融合的过程中，中国教育也在改变世界教育，共同提升中外学生理解与接受多元文化的能力与素养。

追求公平是教育自身的使命

　　教育公平，是与社会公平紧密相连的重大时代课题。没有社会公平就大谈教育公平，只是画饼充饥。等到实现了社会公平，再来谈教育公平，显然也没有任何意义。那么，教育公平自身就没有可追求的价值了吗？并非如此。教育追求公平，是教育自身的责任，也是时代交给当下教育的使命。明知艰难，仍要为之；明知不是一朝一夕的事情，仍不放弃。国家的政策文件曾一再强调要大力促进教育公平，缩小区域、城乡、校际差别，统筹城乡义务教育资源均衡配置，实行公办学校标准化建设和校长教师交流轮岗。具体而言，则是不设重点学校和重点班。这些政策表明了中央的态度，也体现了国家的意志，是完全正确的，我们必须落实到位。为此，我谈一点自己的看法：

均衡发展

教育的公平,包括学校的均衡化发展,特别是义务教育阶段的均衡发展,是教育现代化的题中之义。教育现代化,首先指向人的现代化。教育在实现人的现代化中要有所作为,没有整体的人的现代化,整个社会的现代化是不可能实现的。今天的教育,就是明天的社会。教育的公平的意义不仅在于教育资源的配置对学生接受教育带来的效益与效率之影响,更在于整个社会给人的发展观念带来的变革。

全局意识

在推进教育公平的过程中要有全局观念,也要有"相对"的实施策略思想。公平是相对的,一定不能绝对化。学校之间的公平,不是绝对的均衡,不是"削峰填谷",不是有意制约优质学校的发展,而是以优质学校来促进所有学校的发展。对待学生个体的发展也是这样,不是为了让每个学生都获得均衡的教育教学资源,而是让教育教学资源的配置能促进学生实现最大限度的发展。每个学生的具体情况不同,存在天赋、基础、个性等方面的差异,还是需要坚持因材施教,要体现个别化教育的原则。真正的教育公平,是为每个学生提供最适合他们的教育条件与机会。人才培养是有层次的,教育不是做流水线上的产品。

动态视角

教育公平是"动态的"。要把教育公平看成一个发展的过程，是不断向上的发展过程。通过对师资、生源等的重新调配，使得发展失衡的学校走向均衡。随着进一步发展，会出现新的不均衡态势。这种不均衡，是发展中的不均衡，是更高水平线上的不均衡，之后才有一个新的均衡发展的调整过程。为此，衡量某区域或不同区域间教育公平的水平，学校均衡化的水平，要看整体的发展水平，看是在什么层面上实现的公平与均衡。

文化推动

实现教育公平，除了"行政"的推动，更需要"文化"的推动。依靠行政力量强有力的推进，会有明显的成效。但学校不是标准化"车间"，教室不是"流水线"，校长对学校的领导也不是开公共汽车，到站停车，到点下车。学校面向的是一个个鲜活的生命，生命成长是美妙而奇特的。学校发展要依靠文化，包括本校的优秀传统，这是一种伟大的力量，能够影响师生的成长与发展。要回归优秀的文化传统，以此实现教育公平。

总之，教育公平是当下的现实课题，也是教育的永恒话题。与其说它是一项具体的工作，不如说是一个目标。这个目标引领我们把教育带入现代化，面向世界，面向未来。尽管道阻且长，工作任务艰巨，但我们毕竟日渐逼近这个目标，一步步地逼近，是何等的神圣而荣耀。

提倡"全融教育",开拓教育格局

前不久,我写了一篇有关教育小格局的随笔,写罢再想,"小格局"总该对应着"大格局"。什么是教育的大格局?教育的大格局在哪里?这些问题萦绕在心头。近日,一所公办学校在纳入外来务工人员的子女时,在校园里打了一堵墙,一分为二,将学区生和外来务工人员的子女隔开。我见此不平虽无法"拔刀相助",但也站出来说了几句话,竟得到许多人认同。彼时,我又想到"教育大格局"这个问题,豁然开朗。面对办学条件差的打工子弟学校,教育部门果断地把学生全部搬迁到公办学校去,这是大举措、大境界。只是学校顶不住来自某些家长的压力,人为地在外来务工人员子女与小区居民子女中间立了一道墙,境界又低了,跌至"小格局"的尴尬境地。

所谓"教育大格局",首先应明白什么是该做的,什么是不该做的,什么是首要的,什么是可以延缓执行的。社会与时代的需求,是第一位的,教育需做好服务。对区域而言,首要问题是促进教育与经济社会的协调发展，与社会变革相联系，加快教育变革，包括结构、体制和机制的相应改革。外来务工群众是城市建设与服务不可或缺的一支生力军，没有他们，城市就无法有序运行。与之相对应的，外来务工人员子女的教育问题将变得十分尖锐，因此亟须尽早提出"同城待遇"。

城乡教育的差距在某些地方不仅没有缩小，反而拉大了。去了北大培文教育集团之后，我有机会到更多地方去考察交流。中西部偏远地区的农村教育与东部沿海城市的教育相差不止五年十年，针对留守儿童的教育尽管已经付出极大努力了，可我看了还是心酸。那么小的孩子，从小父母就不在身边，无论学校教育如何周全，都难免留有遗憾。那里的孩子天真、纯朴、可爱，毫无世俗的影子。我曾去湖南十八洞村，那里的村小只有一个老师，校长是他，图书管理员是他，一年级老师是他，幼儿班的老师也是他。这还是当地颇有名气的村小，其他尚未得到关注的村小又当如何？

留守在家乡的孩子，是幸运还是不幸？许多外出打工人员越来越重视孩子的教育问题，无法拒绝城市教育的诱惑，越来越多的家长带上孩子远走他乡去务工，子女的读书问题就成了一个大问题。城市原有的教育资源相对平衡的状态被打破了，原有的学校格局无法满足大量涌入的外来务工人员子女。打工子弟学校应运而生，其中存在不少质量和安全问题。城市难道可以只接受其父母的劳力,而拒绝孩子的教育吗?答案当然是否定的。

许多城市和地区都在想办法,但是供需仍然失衡。这时就需要教育的大格局了,明知不可为还是尽可能地去解决。这不是单纯的教育问题,是社会问题,教育只有主动迎接这种挑战才会有新的作为。将外来务工人员子女教育纳入教育体系之中,刻不容缓。历史上的中国劳工到了美国、澳大利亚等地,为当地发展做出巨大贡献,但还是饱受歧视,其子女的教育被冷落。一部劳工史就是一部血泪史,所谓唐人街,最早就是国人无法进入当地社会(更不要说主流社会),而被迫形成的低人一等的孤独社区。有时我看到打工子弟学校便会想到"唐人街",恕我联想不当,但这是我的真实感受。

我们的社会应当是一个平等的社会,无论如何也要保障教育公平;我们的社会应当是一个善良的社会,至少要保有对孩童的善意。对孩子最大的善意就是提供平等的教育,尽可能地实现区域内平等。因此,我呼吁"全融教育",让外来务工人员的子女融入所在城市、所在地区的普通学校,与该城市、地区的居民子女享受同样的教育,在同一所校园、同一间教室、同一个操场、同一个实验室,由同一批老师教学,过完全一样的完整的校园生活。

我们该消除成见,外来务工人员的子女同城里的孩子一样聪慧可爱，他们的本真质朴会给城里孩子带来全新气息，那是孩子们成长过程中必不可少的品性。假如孟母三迁的故事发生在今天，孟母一定会迁到外来务工人员聚集地去，如今的城市太缺少自然世界的生命气息了。无论是教育部门还是学校，多做一些体现"教育大格局"的事情，不要总是把心思放在抢生源、比拼升学率上，为了提高几个百分点，耗尽了财力、物力、精力，实则毫无意义。教育是服务，不是单纯为分数或为某些人服务的，而是为整个国家民族，乃至整个人类文明与进步服务的。现在，我们一起为外来务工人员子女教育做一些实在的事，不久的将来就能真正地实现"全融教育"。这是神圣的历史使命，丝毫不可松懈。

创新育人和教学模式

我始终坚信一个观点,现在的学校并不缺少理念,老师们都能洋洋洒洒地说出一大套先进的现代教育理念,教育问题的关键在于缺少系统的行动。即使偶尔付出一些行动,也是零碎的、浮光掠影的,甚至只是做点缀摆设之用。我认为,出现此现象的一个重要原因,就是缺少从理念到行动的中间环节,即"创新育人和教学模式"。学校的改革、教师的探索只是点点星火,未成燎原之势。目前学校教育教学改革的重要任务应当是梳理育人和教学传统,提炼实践和做法,创新具有各自校本特点的育人和学科模式。每个学科都要认真做,每个年级都要认真做。创新模式,不应是所谓专家或校长强加给老师的指定任务。

我曾召开过一次科研表彰会议,议程之一是聚焦课堂,请老师说课和点评公开课,某学科组老师的发言交流带给我极大的触动。该组围绕讨论式课堂教学展开探讨,在他们的课堂上，学生分组围成一圈，团团坐着上课。我听过他们的课，气氛活跃，老师被称为"平等的首席"。这项改革先后进行了许多年，是该总结、提炼、推广的，只是老师们还没想好名称来概括它。该学科组的这一探索就是创新教学模式的实践，我建议用"圆桌讨论式"加以概括。"圆桌"是平等的意思，课堂师生平等，是语文组追求的理想境界，"讨论"是课堂小组活动的一个重要形式，让学生在小组中与他人共同学习，有助于互相启迪。这种交流模式，能令学生在同等时间内学到多于教师授课所教的知识。

"圆桌讨论式"的意义在于让每个孩子都能充分地表达见解。出自《伏尔泰的朋友们》一书的名言"我不同意你的观点，但是我誓死捍卫你说话的权利"鞭辟入里，可以作为"圆桌讨论式"的要义。在科学的领域里，人人都是平等的，只要我们能够支持他们，给他们以信心，无论是天赋异禀之才还是普通学生都可以发挥潜力。要放弃"圈养"，圆桌讨论是解放学生的一种途径。在讨论时，学生推动学生思考，甚至推动老师思考，哪怕只有一个瞬间，教学就真的成功了，因为学生已经向自主学习迈步。

"学生推动老师前进"可以作为学校的核心教育理念，并成为转变教师与学生角色的重要标志。它要求教师主动从领导者转向促进者，并且是平等的促进者，是相互作用的促进者。

教学相长，教师与学生共同发展，教师在学生的发展中去努力实现自身的发展。教师是知识的传授者、学习活动的评论家、课堂的组织者和学生的助手。教师的自我定位要准确，要选择好教学方法，设计好教学过程。让"学生推动老师前进"，学习的自主性就会得到充分的体现；让"学生推动老师前进"，将增进师生交往的主动性和独立性。与此同时也要注意，任何忽视和夸大师生一方作用的行为都是不可取的。"学生推动老师前进"是一种理想的教育状态，实现这种理想就要创新育人与教学模式。所谓育人与教学模式，指的是在现代教育理论的指导下，按照培养目标和人才规格，以相对稳定的教学内容与课程体系、管理制度与评估方式实施教育教学过程的总和。它包含四个层面：育人目标；教育过程；校本管理与评估制度；教学方式、方法和手段。

怎样创新育人和教学模式呢？我认为，必须在学校的实际条件和学生的生活经验内设计和创生，即不脱离学校传统和学生的人生经历来开展价值引导。在学校、在师生已有经验的框架内，实现师生的最大发展，如"圆桌讨论式"教学模式。

育人和教学模式是学校教育理念的具体应用，具有规范性和稳定性。为此，我们要正确认识当前高中的价值取向，要研究"学习和发展"的问题，从教育体系转向学习体系，进入"教—学—思考—创造—创新"的预设教学框架之中。创建新的学习范式，要提高以学习者为中心的教育质量，提倡"问、想、做、评"四环节教学。

育人和教学模式也不是唯一的，要提倡多样化。譬如，同样是针对数学教学与学习，著名数学家陈省身认为数学题要多做，多做就熟练，熟练出灵感，而著名数学家华罗庚则提倡数学书要"从薄到厚"，再"从厚到薄"地读。

中国基础教育的发展是迅速的，早已实现普及教育，但都属于规模扩张，还是有许多问题尚未得到根治，特别是呆板滞后的教育教学模式需要有一个大的突破。

教育需要改革，需要打开窗口看看世界。国外的基础教育有许多问题和失败之处，但其优点是可以借鉴的，比如重视开发学生的创新能力，教学模式灵活等。许多老师参加过国际教育交流，其间逸兴遄飞、雄心壮志，设想了回国后课堂教学的改革愿景，甚至设计了一些具体做法，可回国后往往就偃旗息鼓，足见教育环境的浸润之深。

要改变现状，一是依靠现代教育理念的引领，二是有人率先迈步做出示范。现在就是要发现并培育这种人，即创新育人和教学模式的志愿者、先行者。1931年，梅贻琦在清华大学校长就职演说上说："一个大学之所以为大学，全在于有没有好教授。孟子说：'所谓故国者，非谓有乔木之谓也，有世臣之谓也。'我现在可以仿照说：'所谓大学者，非谓有大楼之谓也，有大师之谓也。'"我们不妨据此再仿照，所谓一流学校者，非谓有一流办学条件之谓也，有创新育人和教学模式之谓也。为此，我们不懈努力。

教育家不可"批量生产"

我曾参加过《中小学管理》杂志组织的一场教育沙龙，主题是"践行教育家精神"。沙龙的背景是纪念陶行知先生，研讨如何践行像陶行知这样的教育家精神。我应邀作为嘉宾参加了沙龙，全程都在思考"什么是教育家""什么是教育家精神"等问题，这些问题都尚未厘清，谈何践行？

何为教育家？针对这个问题一直有争论。为何"科学家""艺术家"都没有争论，说到教育家就争论不休？有人质疑，为什么唱几首歌的演员都能称为"歌唱家""艺术家"，从事教育行业且有所建树的人却不能称为教育家呢？

人们在谈论教育家的时候，通常不在同一语境体系中，也不在同一逻辑起点上，这怎么能说得清楚？我认为，当下人们主要是在两个层面上谈论教育家，一个是在崇高的层面上，视教育家为太阳一般，如陶行知，那是在教育的旷野上，自然长成的一棵树，高大无比。还有一个是在世俗的层面上，视教育家如阳台上摆放的花草，如各级教育行政部门推荐、批准，或经过有关培训机构培养，在实际工作中成绩突出的校长、老师。世俗层面的"教育家"层出不穷。

所以，我把教育家分作两种，一种是高尚教育家，为历史所认同，为民众所认同，不需要任何组织与个人的推荐，不是组织或机构培养出来的。这样的教育家不可能从现实中产生，多是从历史中产生，活着的人往往达不到这个高度。

在"践行教育家精神"沙龙上，我听到了各个学段校长的演讲。相比较而言，小学校长或者说小学的教育实践，似乎更接近教育的原点，因为他们远离高考。而中学校长的发言怎么听都离不开功利、离不开束缚。当时我便武断地认为中学校长队伍中出不了教育家，出不了崇高的教育家。

另一种教育家，我姑且称之为世俗教育家，是人为培训出来的，也不错。此类教育家的地位多是由学校名声决定的。无论是谁，到了这类名校，一般都会成为教育家。即便不是，也要送出去培训，培养他成为教育家。对此，我们不必苛责，当事人也是迫不得已，是生存需要。

教育家最本真的特点是要有思想，有自己的教育主张，并付诸实践。教育家要继往开来，但并不意味着要否定前人，标新立异也不一定就是创新。教育家要有突破，而突破就是要在继承的基础上进行创新。对思想的继承与突破，是教育家最重要的一个特征。没思想，人云亦云；没思想，唯上是从；没思想，只是总结经验；没思想，只能任由市场摆布；没思想，只满足于品牌形象，等等。这样的人都不能成为教育家，最多可以成为世俗教育家。

"教育家"如雨后春笋般涌现，"园丁"也风光无限，以至于在学校做实事的人少了，一味出经验的多了。他们经营着自己的"一亩三分地"，看似长势很好，其实风光也不过几度春秋。三五年一过，轮岗换岗，原先田地里的花草要么荒芜要么被替换。许多培训机构为培养校长都精心开发了课程，打造体系化的教育思想，这种主观想法很好。但根据我的多年观察，这种做法就像梳头，让校长把自己的头梳好。结果是，你梳你的头，我梳我的头，你离开这个校园之后，又怎能保证后来者像你这样梳头？

不过话说回来，教育家泛化有它积极的一面，教育家神化也有它积极的一面，它们之间或许是辩证统一的关系。我认为，当下的"教育家热"应该降温了。是不是教育家并不重要，重要的是办好真正意义上的学校，真正做好教育，对师生的生命成长负责。淡化教育家，就像淡化我们学校的"领袖"培养。"领袖"是能从小培养的吗？除非回到老皇帝培养小皇帝的模式，可能吗？有意识、有目标地培养教育家是不切实际的做法，"有心栽花"与"无心插柳"之间的关系，古人早就讲清楚了。

陶行知是教育家，这一点毫无争议。可不可以这样说，弘扬陶行知的教育精神就是践行教育家精神？陶行知说："国家把整个的学校交给你，要你用整个心去做个整个的校长。""用整个心去做个整个的校长"，就是满怀真诚与爱意，一心为教育、为师生，让师生在学校过一种完整的、丰富的、高尚的教与学的生活。为此，校长应无私无畏，鞠躬尽瘁，此即践行教育家精神。

把机会留给普通教育者

秋季通常是教育行业最热闹的季节,各种教育论坛、沙龙都会赶在此时举行。秋季也可以说是教育丰收的季节,过往的教育探索经过夏日几场考试的检验得出了初步成果,产生了新的体会,同行们聚在一起交流碰撞,将各自的认识提炼推广,都是好事,体现了教育事业的繁荣,尤其是教育研究的百花齐放。这种情形是过去从未有过的,如此浓厚的学术气息开时代之风尚。经过一段时间的努力,"教育家""教育名家""教育家培养对象""教育名家培养对象"等教育名人呈梯形涌现——全国性的、省级的、市级的、县区级的,等级分明,常常整体列队而出。出现这种局面的主要原因在于政府的推动,以考核的形式有目的地促成名师、名校长的成长。此外就是大学、教育科研部门和培训部门的助推,同样有计划、有专项经费、有指标。进入培训工程的一般都是优秀的人,经过专项培养,受到格外的关照,很快就能显著成长。他们往往是当地教育的独特风景，如荒野里的一棵树，人们走过路过，不由得肃然起敬。我为之欣喜，可欣喜之余又不免焦虑。让教育成为风景是必须的，但仅仅满足于风景行不行？不行。教育是日常的事业、是平常的事业；是日常的生活，是平常的生活。人们对教育的理解往往离不开"树"，以树的生命形象来体现教育过程，"百年树人"便是人们常用的表达方式。只是，我要提醒的是：大树底下还有繁盛的草木吗？大树底下寸草不生。为何？这棵大树独享了阳光雨露。当下，我们的一些名师、名校长，是不是也如此？

我们是不是应该放弃保留荒野里一棵树的景象，不要满足于独木成林的现状？我们能不能打造教育之森林？郁郁葱葱的森林中，树与树根脉相连、枝与枝高空相依，如校园的师生般，人人都能获得最好的发展。名师、名校长那是"旗帜"，必不可少，缺了它们教育就缺了高度。在一场战争中，争战双方都要高举旗帜，把战旗插在阵地上，旗在、人在，但是只有旗帜行吗？不行。一枪一枪还需要战士伏在战壕里放出去，一颗一颗手榴弹还需要战士探出身子，冒着生命危险扔出去。名师、名校长，仅仅依靠他们是不行的。战争的胜利，依靠的是战士们的血肉之躯，获得功勋章的，最终还是战士。名师、名校长是"消息树"也是"烽火台"，敌情来了，树倒了；敌人走了，树又立起来。它的作用巨大，却是"被动"的，是被人左右的"傀儡",同时也在特定的环境里指挥、左右着人的行为。它是一棵不再生长的树,被人象征化了。

在爬高山时,我注意到一个现象,在不同高度的山坡上,看到的植被也是不一样的。低处是大树,往上是灌木,到达一定高度是草甸,再向上就只有苔藓了。此间原因想必大家都清楚,植被的生长与海拔、温度、湿度等都有关系,海拔越高树木越难生长。"树"的消失,难道不能给我们深刻启示吗?一个人臻至化境时,其个体的高度就消失了。从这个意义上说,我希望我们的教育名流,包括各级各类的名师、名校长,出场扬名之后,也该"退场"了,把更多的机会让给更多的普通老师和普通校长,他们也需要阳光雨露。

集团化办学要张扬个性

上有天堂，下有苏杭，苏州有碧螺春，杭州有龙井，"姐妹俩"同样高贵、同样典雅、同样醇香，却散发着不同的气息，人们只需看上一眼就能区分开来，品一品各有各的味道。

因为我是苏州人，苏州人喝碧螺春多些。多少年来我一直喝碧螺春，可也不排斥龙井。苏州与杭州相近、相邻，古有京杭大运河，而今铁路、公路更是便捷。因此杭州人的喜好，亦是苏州人的喜好。爱喝碧螺春，也喜欢喝龙井，自古如此。

碧螺春由康熙皇帝题名，相传康熙第四次下江南时，巡游了苏州的许多地方，其中包括苏州织造署，给那里的西花园题了字"修竹清风"。同年他也去了太湖西山，或许也去了东山，他喝茶，是早已准备好了的当地土茶，他问："什么茶？"侍立一旁的官吏回答："吓煞人香。"康熙看着这茶色泽碧绿，卷曲似螺，喝一口清香扑鼻，淡而雅，香而醇，不由得手敲茶座，道："就叫碧螺春吧。"皇帝赐名，好不荣幸，从此土名"吓煞人香"变成了"碧螺春",一直保持着"贡茶"的地位。

龙井的身世,同样显赫。乾隆皇帝对它情有独钟,一生六次下江南,竟四次上龙井,赐封十八棵龙井茶树为"御茶树",还为龙井茶题诗六首。所有的好茶,都可以用"清香怡人"来形容,可龙井自有一股独特的"淡而远,香而清"的绝世神采。说碧螺春是"淡而雅,香而醇",说龙井是"淡而远,香而清",有何区别?味相近而形不同,正如西施和杨贵妃之别吧。

坐在茶桌边,我突发奇想:何不尝试一下,把碧螺春、龙井放入一杯茶中,品品是什么味道?于是,我焚香、净手,虔诚以待。碧螺春入水后,茶绒翻卷,嫩芽很快沉入水底,柔柔弱弱,一声不吭。而龙井条索刚劲,瞬间沉下,瞬间又浮起,丰满的肉身,神采奕奕。我品一口,是龙井的味道,再品,还是龙井的味道,碧螺春呢?碧螺春茶还在杯底,可碧螺春的味道退却了、消失了。碧螺春在龙井面前,太柔弱了,柔弱得丢失了自己。虽然都是"淡",都是"清",其淡与清仍有轻重之别。

我常把两种毫不相关的事物放在一起联想,由茶叶而始,我想到了学校的集团化,在中小学集团化方兴未艾的时刻,我们还要保持一份清醒。有人热衷集团化,在所属区域找几个龙头学校，发展成几个集团。需要警惕的是集团化的两种倾向：一种是流于形式，集团告竣之后便故态复萌，到了需要总结的时候再梳理几条做法与经验，有名无实。另一种倾向是兼并，让其他学校成为自己的一部分、一个分校或一个校区，集团化即是同质化。就像碧螺春与龙井掺和在一起，谁的味道浓谁便占据优势，压倒一切。

这里我主要想说的是第二种倾向——集团化办学的同质化隐患。学校需要个性，教师需要个性，学生需要个性，集团化不是同化，而是要美美与共。特别是历史文化悠久、办学特色突出的学校，实施集团化办学时要慎之又慎，不能草率为之，否则会毁了一个学校或一批学校。假如北大、清华推进集团化办学，合为一体，会出现什么书面？

集团化只是手段，不是目的。集团化不是复制，任何产品都可以复制，但学校不能复制，教师不能复制，学生也不能复制，因为人不能复制。在共性中张扬个性，是办学应该追寻的道路。正如碧螺春、龙井，要保持自己的特色。紧结的条索，如螺般卷曲，那是碧螺春。光滑挺直的条索，光润而鲜嫩，那是龙井。碧螺春更淡、更雅，龙井更直爽、更清亮。除了保持外形的特点，更要保持各自的内涵，保持自己独特的味，味没有了，什么都没有了。世界万物都是相通的，此物、彼物都是一样的道理。

适度运用新闻效应

出门远行，我对沉寂千万年的山水尤为敬重，寂静、洁净、人迹罕至的藏区风景对我的启发很大。喧嚣的地方令人浮躁，人烟阜盛之地虽繁华热闹，夺人眼球，可人心却难以沉静。教育何尝不是如此呢？学校本应是圣洁寂静之所在，没有污染，没有侵蚀，自在宁静。

现实又是如何呢？教育成为热点是好事，却又令人担忧，热度过高往往会失去自我。原因不仅在于社会，也在于教育自身。有些学校追逐热度，表现为经常出新花样，不断出新闻。出新闻本身没什么不好，说明该校与众不同，能打破常规，呈现新的面貌。可学校喧嚣得像"景点"，以热闹为荣，有些不妥。如若成为真正的"景点"也并非坏事，但何处风景是日日变化的呢？真正的风景或许是亘古不变的经典。

我一直喜欢"真水无香"这个词，原汁原味、本色情怀，曾作为我们学校文化精神的重要表述。任何添加剂都会破坏食材本身，教育也一样，本色最好。有时候，热情的背后是浮躁，是我们对教育的不自信。总想出人头地，总想与别人不一样，总害怕被别人忽略乃至遗忘，因此总是要搞点小动作，发出一点声响。

教育不能总想搞出新花样，因为教育本质上是对信念的坚守，是一种相对稳定的行为，这是教育的规律与特点。教育是慢的事业与艺术，有人说它是农业，自有生长周期，需要经历耕耘、播种、浇灌、除草等过程。在这个过程中，周而复始的劳作是必要环节，不能随意更改。教育需要等待，需要有耐心，生命的成长自有其规律，教育只有尊重生命本身的成长规律，才能促进人的健康成长。

历数十多年来我们走过的路，即是如此。有些事情当时看不真切，当事人也未必能看清楚。比如某省的高考改革，本是按照当时的"形势要求"而变动，十几年来先后实行了几个方案，与高中课改相配套，不断调整，当时不可谓之不是。可现今再来看，社会一致认为那是瞎折腾。许多学校跟得紧，从课程、课堂、教材上进行变革，产生许多"新闻"事件，被外省视为"先进"，参观学习者不绝，好不热闹。如今反思，似乎是做得越多，错得越多。

教育与其他社会事业不一样，教育的对象是人。可很多时候，我们见"物"不见人，见"事"不见人，以"景"为人。

教育关乎生命成长之大事，要不得半点浮夸、虚假或自恋。话题度高本身不是坏事，对事物的新认知能够产生新举措，推动改进工作方式。这种典型事件报道推广之后成为"新闻"，对他人具有启发性、借鉴性，便造就了新闻的价值。教育工作也一样，所以大家应当重视教育新闻。但凡事不可过度，假如某地或某校三天两头出"新闻"，则应当引起警觉、警惕。该区域或该校是不是过于浮躁功利了？是不是有非正常因素在作祟？追求"标新立异"会不会流于形式？教育要耐得住寂寞，学校要善于坚守，一心一意、扎扎实实地做教育本身的事、做学校本身的事、做校长本身的事、做教师本身的事，认定宗旨，即所谓"咬定青山不放松"。

做教育、办学校都不可片面追求新闻效应，要把握好度。新闻如云烟，影响只在一瞬间。"改革"与"折腾"要区别开，"热情"与"浮躁"要区别开，"效率"与"功利"要区别开。教育的折腾、浮躁、功利现象已经十分严重，少一点新闻，多推广一些朴实的典型事例，不浮夸、不做作、不伪饰，才能被人民群众真心称赞。

反思教育之"新"的四个问题

在教育概念中,以"新"字开头的有很多,如"新教育""新学校"等,这些"新"字引发了我的思考。与"新"相对应的是"旧",进而又引发了我对"旧教育""旧学校"的思考。什么是"新教育""新学校"?什么是"旧教育""旧学校"?我认为这里的"新""旧"肯定不是时间概念,不是时间的先后,"新"与"旧"是由内涵决定的。

在主题为"面向未来"的全国教育论坛上,我应邀发言,题目是"未来:将面向优秀的传统"。此标题涵盖了我对教育未来的理解和对教育发展趋势的把握。后来,在北京参加"新学校"论坛时,我又应邀做了题为"新学校试验的启示"的演讲,并提出一个问题:"新学校"的本质是什么?我认为,无论是新学校还是新教育,都必须思考并回答教育的重大问题,而教育形式、技巧、方法、手段等变革是次要的。今天的教育是从历史中走来的,我们在梳理"新教育""新学校"时必须明白自己正走向何处，正处于怎样的历史关头。为此，我提出了四个问题：

第一，教育的"灵与肉"在哪里？一个人的全部就是"灵与肉"，同样，学校与教育的全部也是"灵与肉"。教育与学校的"灵"，在于其文化精神。每所学校都有自己的文化精神了吗？学校缺失人文精神已经成为普遍现象。我们需要什么样的文化精神，大家都认真思考过吗？譬如，很多名校把自己的使命定位在"培养领袖"上，领袖是能从小培养的吗？中国现在是缺少领袖的时代吗？"野蛮其体魄"的教育思想至今仍有现实意义，毛泽东当年提出"三好"，第一便是身体好，何等地高明。灵与肉都是第一位的。

第二，教育如何从制造走向创造？中国是一个制造大国，与此相对应，中国的教育也正处于"制造"阶段。中国的经济社会从制造阶段到创造阶段有其发展过程，同样地，中国的基础教育走向创造阶段也要有一个过程。首先要有强烈的变革意识，之后要有切实的行动。教育浮躁与功利主义如今日益严重，行事阳奉阴违，因而教育亟须回应一些时代命题。譬如，如何区分教育的热情与浮躁？如何区分教育的高效与功利？能否照搬或充分借鉴企业经济发展的理念？流水线、质检、产品、利润等事物，对"教育创造"是有害的。

第三，教育如何做到"各美其美"与"美人之美"？费孝通的文化自觉包含着教育的自觉。我们只有内心宏大，才能有宏大的视野。对自身文化传统的损益、坚守与扬弃，对不同文化的理解、兼容与接纳，都需要我们不自恋、不自我、不自私。国际化和本土化是我们飞向未来的两个翅膀。学校要弘扬中国文化与中华精神，所谓"新学校""新教育"，就是要努力从优秀传统文化、中华精神里寻找"新"的答案。要破除狭隘的文化观、"自私"的文化，吸收一切优秀的人类文化传统，并寻求本土化与国际化的平衡。

第四，教育如何实现"素食主义"主张？教育在某些区域已经开始"营养过剩"，所谓教育的"素食主义"主张指的就是返璞归真。新理念泛滥，办学"涂脂抹粉""花枝招展"的现象已屡见不鲜。大红大绿之后，平淡素雅才更可贵，瀑布下那一池静静的水，才更动人心扉。大美不言美，现在到了江河大拐弯的时刻，我们要追求天人合一的境界，回归自然，在"田野里"思考教育问题。

教育的理想彼岸在哪里？不在表层的"新"或"旧"上，我认为还在优秀的传统中，还在不断地自我反思与追问中，还在对未来孜孜不倦的向往与切合实际的实践中。

"强基计划"背景下的策略转变

教育部颁布的"强基计划"引起了教育内外部的高度关注,但仅仅关注是不够的,要领会,要有举措地认真应对。中小学如何响应"强基计划"?要从最基础的工作做起。

研读"强基计划"文件,一句一句琢磨,首先要领会国家的意志和立场。不能仅仅把"强基计划"理解为高校的招生改革,它关乎国家发展战略和未来社会的走向。国家向哪里去?民族向哪里去?国际化进程面临挑战,要转变方式,教育如何随之应变?在此背景下,本土化、本土情怀也将面临考验。这些都需要应对,需要人才支撑。基础教育面对"强基计划",在理解并认同"国家想法"之后,还要了解"高校想法""社会想法""家长想法",更重要的是"学生想法"。

具体到当前工作,要认真研究高校的应对策略。高校现今面临两方面的问题:一是如何招生?学校要有魅力,能吸引考生,招到好学生,或者说合适的学生。二是如何培养?光看高校的方案计划是不够的,还要看他们今后如何操作。培养"强基"学生,还要看"强基"老师、课程和培养方式。衡量的标准有二,一是国家的需求,二是人的需求。两种需求要协调统一。我们可以根据清华、北大的反应,来看"强基计划"的实施状态。这两所高校是什么态度?它们的目标定位是怎样的?清华为此成立"五大书院",具体是如何做的,我们要从中汲取经验,获得启发。

基础教育是要为"强基计划"提供生源的,应务实以对。一是要按照要求培养出"强基计划"所需要的人才,即广大考生;二是把培养好的学生送到适合的高校以实施"强基计划"。要专门研究这两大系统,慎重而适时地拿出对策举措,无论是区域整体还是学校,都要有专人来负责此项工作。各区域都有教科院或教科所,学校也有教科室,要投入研究这个课题。"强基计划"是新形势下的新课题,有助于我们重新理解现行的教育政策。什么是真正的教育公平?如何扩大影响范围?如何在动态中提升整体水平?"一刀切"的做法肯定不适用于"强基计划"。政策的调整是不可避免的,不是个人意愿所能左右的,我们都要做好准备。

"强基计划"促使我们更深入地思考基础教育的进一步发展。整体转变,包括政策转变、教师转变、课程转变、管理模式的转变,应如何进行?单是教师转变,任务已足够繁重,我们准备好培养拔尖人才、创新人才了吗？我们自己是拔尖人才或创新人才吗？我们还有创造能力与冲动吗？这些都是深刻而严峻的问题。又比如，区域的分类指导怎么操作？不同学段的学校之间如何衔接？同学段、不同类型的学校之间如何衔接？理念、文化、制度、课程、管理、评价等是一个大系统。

实施"强基计划"还有一个不可忽视的因素，建立在原有教育轨道上的思考被疫情截断了。疫情改变了整个社会生活的方式，教育常态将变为非常态，其间暴露的问题打得人措手不及。我们应当反思，问题主要表现在哪些方面？面对这种难以把控的变量，我们应该怎么办？

疫情之前，社会浮躁，学校浮躁。疫情过后，人们会不会淡定一些？有人将"强基计划"片面理解为仅涉及36所高等学校的招生改革，事不关己；有人打起了"强基计划"的算盘，为自己随意"掐尖"、掠夺生源做挡箭牌，"挂羊头卖狗肉"。这些都是不对的，玷污了教育，这种虚妄、无知又自私的教育行为，该断然舍去。唯有如此，我们才能真正进步，扭转乾坤，让"强基计划"成为壮大基础学科领域、基础教育乃至整个国家的基石。

普及教育和英才教育"两手抓"

"强基计划"不仅是招生计划,也是以高校招生为支点,实施新的人才培养计划。我认为后者才是重点,既推动高等教育的改革,又带动基础教育的整体变革。

当今世界局势发生了深刻的变化,教育的"国际化"会随之变化,继续"国际化"的路线虽不变,但其深度、广度及形式都与过去不同。变数甚多,我们唯有以不变应万变。这是实施"强基计划"的背景,更是"强基计划"的现实本身。培养基础学科的关键人才,立足于自身培养,是不争的事实。疫情改变了我们原有的优势,也打破了定势。在种种变故面前,我们亟须重新思考或审视自己对教育政策的理解,尤其是对基础教育政策的理解。

在教科院组织的一次学校培训中,我提出"也要重视英才教育"的观点,在提倡教育公平的大环境中这么说似乎有些不合时宜。其实不然,公平是理性的公平,不是表象的、形式的、机械的、绝对的公平，不能从一个极端走向另一个极端，否则贻害无穷。

为每个学生提供个体最适用的教育条件与机会，是我始终坚持的观点。基础教育学校必须在高位上均衡，但不能为了均衡而均衡，乃至"削峰填谷"，应该承认差异、允许差异存在。学校是如此，老师是如此，学生也是如此。尤其是学生，存在很大的差异，理应具体分析、特殊对待。对那些综合素质好或某学科优势明显的学生，应该给予特殊关注与培养，这才是和"强基计划"的思路与定位相吻合的做法。

私以为我们如今缺少国家层面的基础教育窗口学校，它们不属于某市或某个区域，也不划学区，不按计划分配学额招生，只招收优秀人才。这种学校应面向国内所有适龄青少年，尤其是高中段学生，在全国范围内"掐尖"，直接与国家的"强基计划"相衔接，集中培养一些顶尖学子。人才是有集聚效应的，优秀学子分散在主张均衡发展的学校里，其内耗不可估量。一般来说，尖端人才往往是培养不出来的，要有适切的文化氛围、特殊的课程和专业的教师。这也是教育的"专攻"，培养拔尖创新人才有其特殊做法与规律，我们应该承认这个事实。

这种学校要找准定位，既然代表国家水准，就不要再与其他学校攀比炫耀了，平台与起点已然不同。此外还要控制规模，不能肆意扩张。对此类学校的评价也不能沿用一般的学校评估标准，要放到国际上去竞争。在我们十分重视普及教育的时候，一定不能忽略"英才教育"，在某些方面它也影响着国家的未来。

十多年前，新加坡、加拿大等国就到我校来招学生，一些优秀学生通过公派项目出国访学，增进国际了解，促进文化交流。这样的做法我们为何不能借鉴？假如在国家层面上一时无法落实，能否在省级层面先开展？如果可行，我们一定要真心实意地做，而不是纯粹地"掐"了尖，招到学生后就放任自流。

时局多变，我们应该深入思考基础教育的发展规划，转变对政策的理解，转变管理模式。绝对化的不准"掐尖"，是偷懒的做法，尤其是在特殊时期。当然，我这里所说的"掐尖"与那种凭借资本随意抢夺生源的"掐尖"不是一回事，我注重的是拔尖人才的培养策略。基础教育与"强基计划"有机结合，是一个追求长线发展的战略项目，解放思想是唯一选择。

衡量教育水准要看短板

政府工作报告在谈到教育时强调"推动教育公平发展和质量提升",表明"公平"与"质量"是今后教育工作的两大主题。此外特别要求"加强乡镇寄宿制学校和县城学校建设",农村是教育相对薄弱的区域,今后教育工作要向农村倾斜。与此同时,北京市也放出重要信息,今后不再审批建设"豪华中小学"。政府工作报告中涉及教育的文字不多,却清楚地表明了国家的态度:"让教育资源惠及所有家庭和孩子,让他们有更光明未来。"这些都是教育发展的政策导向,也是人心所向。

不久,苏州公布了《义务教育学业质量监测社会版报告》,与一般的教育质量监测报告不同,它没有直接反应学业检测结果,而是研究学业与心理、家庭、电子设备之间的关系。公布的结果看上去有些小题大做,比如公布初中生吃早餐的状况:约三成初中学生不能做到每天都吃早餐,随着年级升高，每天吃早餐的人数比例逐渐降低。并由此得出结论：每天吃家人做的早餐的学生学业成绩更好"。在家吃早餐与否对学业的影响这么大吗？对此，我不敢苟同。古人说"天将降大任于是人也，必先苦其心志，劳其筋骨，饿其体肤，空乏其身，行拂乱其所为"，穷人家的孩子得不到家长的时时呵护，难道就没有机会出人头地了吗？

该监测报告就吃早餐的问题提出了具体建议："加强亲子沟通，全方位关爱并陪伴孩子成长。亲子关系作为家庭环境中的关键因素，对青少年的成长和发展有着直接的影响，良好的亲子关系是青少年积极发展和健康成长的基础。"话说得对，说得好。可放眼望去，身边的家长对孩子宠爱有加，甚至到了溺爱的程度，怎会不亲自做早餐送到孩子面前？

我蓦然醒悟，监测中心是全覆盖监测，大数据研究。苏州的外来人口、流动人口是一个庞大的数字，外来务工人员子女教育已经成为苏州教育的有机组成部分。公办学校也在大量接纳外来务工人员子女入学，加上专门开设的打工子弟学校，学生总数十分庞大。会不会是这类学生，在父母的疏忽下，因家庭条件限制而不吃早餐？我向监测中心的专家求教，专家不置可否，我也无须再问。

与政府工作报告和北京禁止建设"豪华中小学"的决策相联系，我深感苏州教育监测中心的工作切中肯綮。它点醒了我们，不吃早餐是表象，背后有深层次问题。教育公平除了追求物质条件的相对统一，更要追求教育质量的相对均衡，这才符合国家的要求。

对整个国家来说，教育要向农村倾斜；对某个区域而言，要加强薄弱学校软硬件环境上的投入与建设。关键是要提高质量，不能只做表面文章。早餐之事虽小，背后因果却不小。薄弱学校的学生往往是弱势群体，提高他们的教育质量是当务之急。由此我理解了政府工作报告为何强调"加强乡镇寄宿制学校建设"，其中就包括让孩子们在学校都能吃上由老师陪伴的早餐。

衡量城市或区域教育的整体水平，在指标上要把"窗口学校"压低，把薄弱学校抬高。经过多年建设，任何类型的城市和区域都有一流学校，再穷也不能穷一流学校。但国家已经关注到普遍存在问题的薄弱学校，地方别无选择，衡量城市与区域的教育水准不再看最高的那块板，而是要看最低的那块板。以江南为例，就要看流动人口，包括外来务工人员子女的教育水准，他们的教育水准才能真实反映当地的整体教育水准。只有如此，才能在较短的时间内真正实现"公平教育"的发展目标。

"孟母三迁"的现代诠释

"孟母三迁"的典故家喻户晓,孟子的成才与其母的教育是分不开的。孟子早年丧父,由母亲一手带大。刚开始,其家在墓地附近,少不了祭拜之事,孟子便效仿着做哭丧、跪拜之类的游戏,孟母认为此地不适合小孩居住,马上搬走了。他们搬到集市旁,集市热闹,多买卖、屠杀之事,孟子也少不了以之为乐。孟母便带着他再次搬家,搬至学宫附近,日日传来的都是读书声,耳濡目染,孟子也喜欢上了读书。可时间一久,孟子不免怠学,正在织布的母亲生气地剪断织机上的布,严厉地告诫孟子"学习就像织布",孟子幡然醒悟。"断机教子"成为孟又一佳话。

"孟母三迁"的典故在历史上影响深远。汉朝韩婴在《韩诗外传》中就用孟母的故事来解释诗义;赵岐也在《孟子题词》中写道:"孟子生有淑质,幼被慈母三迁之教。"人们耳熟能详的,莫过于《三字经》里的"昔孟母,择邻处,子不学，断机杼"。作为广泛普及的启蒙读物，《三字经》在历史上进行过多次修订，但"孟母三迁""断机教子"的故事始终冠于篇首。

孟子长大后学成六艺，成为声名远播的大儒，与其母的教化紧密相关。我讲"孟母三迁""断机教子"的典故，是想借此讨论"择校"的问题。"择校"基本上是被否定的，许多人视之为洪水猛兽，"孟母三迁"究竟是对是错？历史上公认"孟母三迁"是对的，若没有孟母的"三迁"，也就不会有今后的"亚圣"孟子。从本质上看，"孟母三迁"与"择校"是基本一致的，也是现今很难做到的。

到了孟子这一代，孟家的生活每况愈下。父亲早亡，孟子与母亲相依为命，从墓区到菜市场，居住的环境都很差，用今天的话说就是"学区"不行。于是，孟母想办法搬进了"学区房"，让孟子能够"就近入学"。自古以来，为人父母者都想为孩子创造良好的教育条件，今日的家长同样有"孟母三迁"的情结和行为，只要经济条件允许，哪怕是差那么一点点，也会竭尽全力为孩子创设环境。

"孟母三迁"，本质上是选学校、选环境、选老师、选同学。正所谓"近朱者赤，近墨者黑"，人才的涌现是有集聚效应的，如三国时期的"三曹"父子（曹操、曹丕、曹植），北宋的"三苏"父子（苏洵、苏轼、苏辙），当代的"宋氏三姐妹"（宋霭龄、宋庆龄、宋美龄），"周氏三兄弟"（周树人、周作人、周建人），"张家四姐妹"（张元和、张允和、张兆和、张充和）等，无不是相互影响、相互成就的。那么，当今社会究竟需不需要精英学校？"尖子生"的集聚到底有没有意义？

思考问题离不开"立场"，即站在什么位置上思考。一些有识之士认为，一旦允许"择校"，就会给薄弱学校和普通学校带来灾难，教育生态将遭到破坏。这是"学校的立场""区域教育的整体立场"，同"家长立场""学生立场"并不完全一致，该如何统一呢？

回到最初的问题，孟子之所以成才，果真是因为"三迁"吗？孟子"民本思想""仁政学说"的形成，难道与他幼时住在墓区、集市没有关系？假如从小不接触社会底层，不受底层民众影响，他如何能形成这些思想？可见成才与"三迁"之间并无因果性。

"择校"是一个复杂问题，其核心在于选择老师。与其说"三迁"重要，不如说孟子有这样的母亲更重要。孟母是一位好老师，当今时代需要像孟母一样的家长，更需要像孟母一样善于教育的老师。好老师多了，好学校也就多了，"择校"问题或许会渐渐淡化。

坚守与变革是时代命题

校园联结着的自然与文化生态，是我们一贯的追求。在继承中创新，把当下的教育价值观融入优秀的文化传统，留给未来，是我们这一代人的使命与责任。我一直有这样的信念：未来的教育，不仅属于未来，还将属于优秀的传统。前人和我们所经历的事情，事件中所呈现的思想、理念、情感、态度、价值观，是如何成为优秀文化传统中的一部分呢？教育的责任与义务就是传承与创造人类文明。从做校长的第一天起，我就怀揣着这样的愿望：在最微观的学校领域，实现民族宏大的理想。我们能够做到吗？坚守是走向卓越的开始。传统是前人留下的遗产，优秀的传统是前人留下的高贵的、有价值的遗产。我校在创办初始就坚持"诚、朴、仁、勇"的校训，演绎至今，变为传递校园文化精神的"质朴大气、真水无香、倾听天籁"，反映出文化上一脉相承之渊源。我校有中国最好、最珍贵的太湖石，那是大自然的造化与千百年来的历史文化积淀。

太阳从东方冉冉升起时,第一道光照在瑞云峰以及周边千姿百态的原石上,是多么美妙?象征着园林历史精华的石头,似有灵性般,于晨光之中与人语,向迎面走来的师生鞠躬致意。走在校园里,即使是满地的落叶,我也给予了不少关注。如今,美丽盛放都成了昨日光景,在它们消逝之前,无论是出于道义还是审美意义,都要说一声"谢谢"。那满地的金黄,应被视作满地的灵光。我要求师生不要随意扫去落叶,留下它们的身影,留下它们作为主角的最后身影。这本身就是一种象征,体现了我校对历史的尊重,我们的校园也充满了感恩的气息,随时都能激起人们的怀想。每个人都有农历和公历两个生日,能记住我们生日的人,是母亲。母亲健在时,总是在农历生日那天为我们庆生,自母亲去世后,这一天似乎被遗忘了。彼时,我走在校园的大门前,沐浴着夕阳的余晖,往事瞬间涌上心头,心头一阵柔软。面对反复叠加的岁月风霜,我唯有敬畏。

继承传统的本质是一种对话,历史记住了应该记住的,也把当下的功过得失通过历史的影子反馈给我们。我们学校有一个很好的传统,每届学生都会留下纪念物,矗立在梅岭上的己巳亭就是杨绛那一届毕业生留下的,何泽慧那一届留下的摩崖石刻还在西花园,园内的来今雨斋、凝怀亭、伟绩碑等都是校友所留。同学们毕业前勤工俭学积攒了一点钱,为母校留下了念想。这个传统曾一度中断,我当校长后,又把这一传统延续下来了。起步石、芳草天涯石、杏园、樱花园、毓园、羽轩等，都是学生留下的念想，成为学校永恒的财富。同一个校园在不同的季节变化不同，每天都不一样，需要体悟。春天再度来临，百花次第开放，在阳光下焕发出金色的光彩。课间，高三的师生在拍集体照，距离高考还有100天，要在历史节点留下合影，校园之春便源自这些含苞欲放的学生。所谓春天，是在寒冷中孕育出生命，值此新旧交替之际，长达园里洋溢着欢乐的气息。春回江南了，校园里的玉兰花也含苞待放了。生命的轮回也昭示着世界的变化，变化中的痛楚与幸福也是轮回的一部分。校园里有一对石狮子，是几百年前的旧物，经过岁月磨砺成为文化遗产。事物本来无所谓有无意义，是我们赋予它们以教育的内涵。校园东部是体育与艺术教育区，有以校友杨绛之字命名的"季康馆（体艺馆）"；以《红岩》的责任编辑张羽之名命名的"羽轩"；以原台湾清华大学的校长沈君山之名命名的"君山亭"——其父母是费孝通的老师，也都是了不起的科学家；还有供师生表演的舞台"康乾台"，康熙、乾隆南巡时曾于此看戏。绵长的历史化作一股气息，感恩与畅想同在，美与爱交织，一派祥和。

  我走过很多地方，行至远方，发现自己的喜好其实很简单、很平常，不过是安静、原生态的生命气息。找到这样的地方时，又发现，它与我们寄身的校园无异，不必舍近求远。对教育的追求，对真理的追求，对生命意义的追求也一样，关键是要用心。高中的课程基地建设，其意义会在未来凸显，将带动高中教育的整体变革。我们的"诗歌教育课程基地"坐落于杏园，其辐射会打破具体的时空限制，为学校的发展增添动能。我们还在筹备"科学创新课程基地"，拟建于校园东部的迎枫园，可见人文与科学是一体两面。

校园应当成为师生的阅读世界。如今的"图书馆"之概念应该改变，学校图书馆的时空界限应该重新划定。孝通图书馆坐落在最西边，它典雅，却独处一隅。午休时学生坐在西花园的草地上休憩，惬意非常。校园不仅是严肃紧张的地方，还应该是幽雅、悠闲、放松的地方。多年来，我们总是强调"日新月异"，总是突出"变化""改变"，总是要求"旧貌换新颜"，教育也应当如此，学校也应当如此，在物质层面该如此，在精神层面也该如此。如何对待传统、传统文化和优秀的教育传统？坚守实则不易。自古以来，江南地区的文化教育就很发达，尤其是到了近现代，新学校如雨后春笋般涌现。江南的百年老校何其多，可如今完整保留下来的还有多少？近十年来，中小学得到前所未有的大发展，与其他领域一样大拆大建，留下了诸多遗憾。许多历史遗迹都被拆除了，消失了。追求"高端格局"，以西方建筑的物质形态为样板，丢失了自己最宝贵的文化特征。历史，在重建与改造中，被轻易地"一键归零",取而代之的是所谓的"哈佛红""哥特式",以为这就是现代化,就是融入国际教育的潮流,甚至将校园里的百年老树挪动位置,为校园的新格局让路。"人挪活,树挪死",作为百年老校的"活"见证,老树往往都逃不了"被消失"的命运。在浪潮之中坚守,需要意志和信念的支撑。坚守,包括物质与精神两个方面。振华堂以西为校园西部,振华堂以东至一麐楼为中部,西部是文化区,中部为教学区。每逢假日,悄无人声,弥散着历史的气息。正是冬末初春,细雨之中,不见人影,只闻鸟声,别有一番风情。最寂静时,也最易触景生情。傍晚,老师们在学校聚餐,各带吃食,喝酒之人自提壶浆。每人再带一件礼物,包好,作为奖品,大家摸奖。交换礼物,是情感的交流。自己包饺子馄饨,下在锅里,盛在碗里,学校便有了家的感觉。雪花是春的使者,在最萧瑟的景观中有最温暖的殿堂,在最严寒的季节里萌生出希望。冬季里的花,是冬天渴望在春日大地上写下的诗行。我们学校以明清的建筑风格为主,却也有几幢民国的建筑,整个校园都处于和谐的吴文化之中。教育也一样,需要坚守,也需要开放,坚持本土化的同时也不忘走向国际化。长达园里的泽慧楼,是学校的实验楼,被称为"最不像实验楼的实验楼",充盈着人文气息。教育不是单一的品质,在强调科学时不能忘了人文,只有二者交融,相互渗透,才能造出一双辩证的翅膀,帮助孩子们飞翔。

对人来说是这样，对学校来说也是如此。如何继承传统与创新未来，把握住坚守与变革的一对矛盾关系，是时代命题，也是教育的永恒课题。

本作品中文简体版权由湖南人民出版社所有。
未经许可,不得翻印。

图书在版编目(CIP)数据

破解学校管理难题 / 柳袁照著. —长沙:湖南人民出版社,2023.4
ISBN 978-7-5561-2789-4

Ⅰ.①破… Ⅱ.①柳… Ⅲ.①学校管理—研究 Ⅳ.①G47

中国国家版本馆CIP数据核字(2023)第019857号

破解学校管理难题
POJIE XUEXIAO GUANLI NANTI

著　　者:柳袁照
出版统筹:陈　实
监　　制:傅钦伟
责任编辑:张玉洁
产品经理:冯紫薇
责任校对:彭　慧
封面设计:饶博文
特邀编辑:杨　敏

出版发行:湖南人民出版社有限责任公司［http://www.hnppp.com］
地　　址:长沙市营盘东路3号　邮　编:410005　电　话:0731-82683357
印　　刷:湖南省汇昌印务有限公司
版　　次:2023年4月第1版　　　　　　　　　印　　次:2023年4月第1次印刷
开　　本:880 mm×1230 mm　1/32　　　　　印　　张:8
字　　数:120千字
书　　号:ISBN 978-7-5561-2789-4
定　　价:52.00元

营销电话:0731-82221529(如发现印装质量问题请与出版社调换)